MES MOMENTS HEUREUX.

(par madame d'Epinay.)

--- ſollicitæ jucunda oblivia vitæ.

HOR.....

GENEVE,
De mon Imprimerie.

M. DCC. LVIII.

A
MON BONNET.

S*Evérité, Juſtice & Indulgence, ſont des qualités ſans leſquelles il n'eſt point de véritable ami. Je les ai toujours trouvées en vous,* Ô mon Bonnet! *Et c'eſt en reconnoiſſance des ſervices que vous m'avez rendus, que je vous dédie aujourd'hui le fruit des jours heureux que vous m'avez fait paſſer, dans une ſolitude délicieuſe. Puis-je, en effet, me rappeller ſans attendriſſement l'art avec lequel vous me la ren-*

rendiez chaque jour plus agréable par la diversité de vos réflexions. Combien de fois ne me suis-je pas repentie d'avoir négligé de vous consulter, ou d'avoir feint de ne vous pas entendre. Par une défiance injuste à laquelle, Pauvre Bonnet, *vous n'aviez jamais donné lieu, je rejettois vos avis salutaires pour en suivre d'autres, qui se trouvoient presque toujours dictés par des intérêts qui n'étoient pas les miens. Avoüerai-je tout? Oui sans doute, c'est la réparation que je vous dois, & après laquelle je jure de n'écouter jamais que vous.*

Un Etre, ami de la sagesse & de la vérité, vous apperçut un jour, malgré les efforts que je faisois sans cesse pour vous empêcher de paroitre..... Tant étoit grand mon aveuglement! Il

conçut

conçut de vous une haute opinion. Il m'en parla. Je soûris, je crois, d'un air assez méprisant : Il prit mieux son tems, & profita d'un service important que vous veniez de me rendre, presqu'à mon insçu, pour me faire sentir tout ce que vous valiez. Il me dessilla les yeux ; il fit ce que l'expérience même n'avoit pas pû faire. La force de la vérité, mon cher Bonnet, *m'oblige encore d'ajouter, n'en déplaise à votre modestie, que je ne suis heureuse que depuis l'instant que j'ai commencé à vous rendre justice. Quelques frivoles, en apparence, que soient la plûpart des morceaux renfermez dans ce Recueil, j'ose me flatter que vous l'agréerez : Ce sont des écarts inspirés par vous même ; ce sont les délassemens d'une méditation plus sérieuse & plus pro-*

profonde, où vous m'avez souvent fixée des heures entiéres. Vous avez guidé ma plume; guidez aussi le sentiment des amis, à qui seuls j'abandonne la lecture de ce que j'appelle, Mes moments heureux.

TA-

TABLE DES PIECES

Contenuës dans ce Recueil.

Lettre

MON

MON PORTRAIT

En Mars 1756.

JE vais me montrer telle que je ſuis. Je commencerai par le côté qui plaira le plus à mon ſexe. J'ai trente ans. Je ne ſuis point jolie, je ne ſuis cependant pas laide. Je ſuis petite, maigre, très bien faite. J'ai l'air jeune, ſans fraicheur, noble, doux, vif, ſpirituel & intéreſſant. Mon imagination eſt tranquille, mon eſprit eſt lent, juſte, réfléchi & ſans ſuite. J'ai dans l'ame de la vivacité, du courage, de la fermeté, de l'élévation & une exceſſive timidité.

Je ſuis vraye ſans être franche. La timidité m'a ſouvent donné les apparences de la diſſimulation & de la fauſſeté; mais j'ai toujours eu le courage d'avouer ma foibleſſe, pour ſauver le ſoupçon d'un vice que je n'avois pas.

J'ai de la fineſſe pour arriver à mon but & pour prévoir les obſtacles; mais je n'en ai aucune pour pénétrer les projets des autres.

Je ſuis née tendre & ſenſible, conſtante & point coquette.

J'aime la retraite, la vie ſimple & privée, cependant j'en ai preſque toujours mené une contraire à mon gout; ma timidité ayant ſouvent fait de mes amis des tyrans, & mon caractère léger & confiant m'ayant empêché longtems de m'en appercevoir.

Je ſuis très ignorante ; toute mon éducation s'eſt bornée à cultiver des talens agréables & à me rendre habile dans l'art de faire des ſophiſmes. Il faut que j'aye l'ame bien honnête & un aſſez grand fond d'eſprit, pour n'être pas un fort mauvais ſujet, & pour ne pas paroitre une aſſez ſotte enfant.

Une mauvaiſe ſanté & des chagrins vifs & répetés ont déterminé au ſérieux mon caractère naturellement très gay.

A tout prendre, je m'aimerois aſſez comme je ſuis, ſi je n'avois été ſouvent malheureuſe par ma faute. Je croyois toutes les ames honnêtes, je me livrois à la confiance, à l'amitié, & je ne concevois pas qu'on pût abuſer de ma bonne foi. Quand je ne pouvois plus me le dissimuler, j'en étois affligée pour l'humanité, médiocrement pour moi, & le chagrin en duroit peu ; ce qui tient cependant plus à mon caractère qu'à mon ame.

La facilité avec laquelle on m'a vu former des liaisons & les rompre, m'a fait passer pour inconstante & capricieuse. L'on a attribué à la légéreté & à l'inconséquence, une conduite souvent forcée, dictée par une prudence tardive, & quelque fois par l'honneur.

Je suis beaucoup plus affectée du bien que du mal. Ceux qui m'ont donné le plus sujet de les haïr, ne m'occupent point : Leur présence me gêne, mais je ne leur veux point de mal. Je suis facile à vivre. Je ne suis

point

point exigeante. La tranquillité ſuffit preſque à mon bonheur ; je ſuis heureuſe de tout le mal qu'on ne me fait pas.

J'aime mes amis pour eux & mes enfans pour moi. La bouſſole de mes ſentimens à l'égard des derniers, eſt juſqu'à préſent la ſatisfaction qu'ils me donnent.

Je ne médis jamais de perſonne, pas même pour ma défenſe ; mais je n'ai pas toujours eu le courage de faire taire les médiſans.

Tout mes amis ont eu droit à mon ſecret, mais j'ai toujours été impénétrable ſur celui des autres ; moins par diſcretion naturelle que par reſpect pour le dépôt confié.

Il n'y a guère qu'un an que je commence à me bien connoitre.

Le peu de ſuite que j'ai dans le caractère a retardé l'utilité que je me promettois de mes découvertes. Les premiers pas cependant etoient les plus difficiles. Je les dois à l'amour propre : Il étoit le principe de ma timidité, il ſert aujourd'hui à me garantir de ſes inconveniens, en ſe revoltant contre elle. Il m'a delivrée de la tyrannie, & ſans me faire concevoir la folle eſperance d'être parfaitement ſage, il me fait prétendre à devenir un jour une femme d'un grand mérite.

LES ILLUSIONS.

QUe vous êtes belle ! s'écrioit Daphnis à Coriſandre, qui de ſon côté regardoit ſon amant dans un ruiſſeau pour le contempler ſans rougir. Ah! ma chere Coriſandre, ajouta-t-il.... Ils reſterent muets après cette exclamation & paroiſſoient plongés tous deux dans la plus profonde rêverie. Le jour étoit ſur ſon déclin. La nature en ſe préparant au ſilence ſembloit reſpecter leur yvreſſe ; le chant des oiſeaux d'un bois voiſin les en tira. Coriſandre appuyant ſa tête ſur le ſein de ſon amant, ſourit doucement à leur ramage : ce ſourire l'embellit encore & acheva d'enflammer Daphnis.

phnis. Et comme ſi elle n'eût point apperçu la beauté du lieu, où ils étoient aſſis ; vois-tu, lui dit-elle, ces prairies émaillées, ce ruiſſeau qui les arroſe, ce troupeau qui bondit ; entends-tu ce roſſignol, ces fauvettes : Daphnis, ils chantent nôtre amour. Ouï, cher Daphnis, tout nous admire ou nous envie ; tout eſt ici pour nous. Le Berger, lui baiſant la main avec tranſport, repondit par un ſoupir qui eût été ſuivi de bien d'autres, ſi le bon homme Lycandre n'étoit venu les interrompre, riant de les avoir ſurpris. Pauvres enfans, s'écria-t-il ; vous vous croyez heureux, tout vous enchante ; que vous êtes à plaindre ! Vôtre age eſt celui de l'erreur. Si vous aviez mon experience, vous ſeriez bientôt detrompés. Daphnis ſera infidele ;

dele, Corisandre cessera d'aimer. Après avoir rempli la contrée de vos plaintes, après avoir éprouvé les chagrins les plus cruels, vous regarderez l'amour comme une folie. Le sentiment le plus vif est précisément le plus contraire à la tranquillité. Vous apprendrez à vos dépens qu'il ne faut compter sur rien. Hélas combien la jeunesse s'abuse! Elle croit établir son bonheur d'une maniére durable, tandis qu'elle travaille à multiplier les écueils contre lesquels elle va échoüer. Il en est d'inévitables. Croyez-moi, mes enfans, en vous efforçant de vous rendre heureux, n'accumulez point les dangers. Le sage passe la jeunesse sans plaisir, afin d'en éviter les peines. Car à votre âge tout est compensé. L'imagination augmente nos plaisirs;

mais les peines qui y ſont attachées & qu'elle éxagére encore, les font payer bien cher. Ouï, mes enfans, ce n'eſt qu'à ſoixante ans qu'on commence à joüir tranquillement & ſans danger. Prétendre plutôt au bonheur, eſt une chimère. A mon âge on ſe rappelle avec joye ſes momens heureux, & ſi l'on ſe ſouvient des pleurs qu'on a verſés, ce n'eſt que pour en rire. L'erreur qui vous enchante, feroit pour moi un tableau charmant, ſi je ne prévoyois vos malheurs. La nature entiére devient une machine qui jouë pour l'amuſement des vieillards.

Le bon homme ſe tût, & la bergere ſe mit à rire. Pour Daphnis, dès que le vieillard eut dit que Coriſandre ceſſeroit de l'aimer, il n'avoit

plus

plus rien entendu. Quelle erreur eſt la vôtre, dit enfin Coriſandre; ne ſavez-vous pas que Daphnis & moi nous nous ſommes jurés un amour éternel? Comment pourroit-il finir! La fête du hameau eſt le jour pris pour nous unir. Teus les bergers, toutes mes compagnes approuvent mon choix. Depuis le jour où nos parens ont aſſuré notre bonheur, la nature s'embellit pour prendre part à nôtre joye. La voix de Coriſandre avoit un pouvoir ſur Daphnis plus fort que la morale du vieillard. Ces paroles le calmérent; il rougit de s'être allarmé ſi légérement. Allez, bon homme, dit-il, vous n'avez jamais été aimé de Coriſandre; vivez content dans votre erreur. Ah dieux, que nôtre bonheur ne ſoit jamais plus réel ! Nous n'envions pas le vôtre, il ne peut exiſter que par l'ignorance de nos plaiſirs & par l'oubli des vôtres. Vous les rappelleriez en vain. Vous êtes trop heureux. Conſervez longtems l'illuſion où vous êtes. Quelle eſt ſorte grands Dieux ! puiſque vous voyez Coriſandre ſans tomber à ſes pieds ! Tous nos bergers l'adorent. Son cœur me préfére; elle n'aimera jamais que moi. Un regard de Coriſandre vint confirmer le diſcours de Daphnis. Le vieillard les quitta tout à coup. On ne ſçait trop ſi ce fut par ce qu'il déſeſpéroit de les déſabuſer, ou de honte d'être encore charmé par une morale, que l'exemple de ces jeunes amans rendoit ſi ſéduiſante.

PORTRAIT DE MADAME ***.

DEs ma plus tendre enfance, j'ai vécu avec Madame ***. J'ai toujours eu du penchant pour elle; il n'y a cependant que deux ans que j'ai déſiré véritablement de l'avoir pour amie. Je lui ai de tout tems reconnu de la franchiſe, de la bonne foi, de la douceur, une patience & une diſcretion à toute épreuve. Jamais de lendemain à craindre avec elle; & ſon mérite à cet égard eſt d'autant plus grand, qu'elle eſt naturellement diſtraite, enfant & étourdie.

Elle a le cœur excellent. Je ne lui connois point de défaut qui puiſſe être un inconvenient dans la ſociété la plus intime. Elle a l'eſprit orné, une mémoire heureuſe, & un grand fond de pareſſe. Juſqu'à vingt-deux ans elle a meublé ſa tête indiſtinctement de choſes frivoles & ſolides, ſans ordre, ſans arrangement; ce qui vient, je crois, de ſon âge & de ſon étourderie.

Elle eſt née tendre & ſenſible. Elle eſt bonne & compatiſſante. Elle a l'imagination vive. Sa tête ſe prend ordinairement avant ſon cœur; mais il ne la dément jamais, & une fois touchée pour un objet, aucun autre ne peut l'en diſtraire.

Elle étoit toute entiére à une paſſion qui l'occupoit depuis ſix mois, quand

quand je l'engageai au mois de May 1753. à venir passer quelque tems avec moi à la campagne. Je me proposois d'avoir en elle une compagne aimable qui occupée de sa passion ne me gêneroit point dans ma maniere de vivre. Bientôt je me sentis pour elle une vraie amitié & l'interêt le plus tendre. Je finis par avoir toute sa confiance, & de mon côté je n'eus plus de secret pour elle. J'exigeai cependant qu'elle ne confieroit rien de ce qui me regardoit, à son Amant & je suis persuadée qu'elle m'a tenu parole. Elle est capable de lui cacher les secrets qui ne le concernent pas. Elle sçait même s'exposer à ses soupçons plutôt que de manquer à la confiance qu'on luy a marquée. Cette Campagne jusqu'au moment du départ de Madame *** me parut charmante. Cependant plusieurs étourderies de sa part, me faisoient repentir de tems en tems, d'être dans sa confidence. Des tics que je lui remarquois, me donnoient quelquefois de l'humeur contre elle; mais cette humeur ne se montroit guères que quand j'avois d'ailleurs quelques sujets de chagrin. Alors comme ses tics sont totalement opposés à mon caractère, ils me paroissoient insupportables. Tels sont par exemple, de n'être jamais prête à l'heure donnée, d'attendre qu'on soit au dessert pour commencer son diner, de prendre successivement de chaque plat, sans manger d'aucun, d'avoir toujours l'air désœuvré surtout lorsque son Amant est absent,

de

de laisser trainer tout ce qui lui appartient, d'oublier enfin sans cesse où elle est, & ce qu'elle a à faire. Voilà les grands défauts que je lui connois.

Elle partit au mois de Juin pour sa terre, où je fus la trouver au mois de Septembre. Je la vis beaucoup moins sensible au plaisir de me voir que je ne m'en étois flatée. Son Amant étoit resté à Paris. Elle m'en parla peu ; & comme elle rabâche volontiers sur tout ce qui l'intéresse, je crus son goût diminué. Deux jours après, je la vis désolée de n'en point recevoir de nouvelles, & le lendemain elle fut aussi gaye qu'à son ordinaire. Cela me parut singulier. Cette remarque cependant ne diminua pas mon amitié pour elle; je me promis ſeulement de n'avoir plus de part à une affaire qui commençoit à tourner mal, & dans laquelle je me trouvois compromiſe contre mon goût & ſans profit pour mon amie. Surtout je ne voyois pas un retour bien vif du côté de ſon Amant. Sa conduite dans quelques occaſions, m'avoit paru légére. Je hazardai une fois de lui en parler à l'inſçu de Madame ***, je ne fus pas contente de ſes réponſes, enfin, je ne prévoyois que malheurs. Je revins à Paris, & huit jours après l'affaire éclata. Le Mari qui vit par les lettres qui lui étoient tombées entre les mains, que j'y étois mêlée, parla de moi indignement. J'eus avec lui une converſation telle que je la devois avoir. Le danger où étoit Madame ***, m'effraya m'effraya au point que je tâchai alors de lui laisser entrevoir le jugement que je portois de la conduite de son Amant; mais ce fut avec tous les ménagemens qu'exigeoit sa sensibilité. Elle ne m'écouta pas, ou si elle m'entendit, je ne doute pas qu'elle ne m'en ait sçû très mauvais gré. Néanmoins je tâchai encore pendant quelque tems de lui être utile en prévenant ses imprudences; mais ensuite les mêmes raisons que j'avois euës auparavant, me déterminérent à me retirer peu à peu de son commerce. Je ne suivis plus ses affaires, & elle eut bientôt l'air de m'avoir tout-à-fait oubliée. Ce n'est pas qu'elle m'aimât moins; mais elle ne pouvoit plus aimer, auprès de moi, ce qui lui étoit cher. Comme je prends toujours le même intérêt à elle, je me ſuis informée de tems en tems de ſa ſituation. Elle a conſervé ſon gout pour M.*** & il m'a paru cet hiver, de part & d'autre, plus vif que jamais; la longue abſence de ſon Amant n'a, ce me ſemble, ſervi qu'à l'augmenter.

Il y a deux mois que projettant de m'établir à la campagne de bonne-heure, j'engageai Madame *** d'y venir, ne voyant plus d'inconvenient à me livrer au plaiſir de la voir. L'abſence de ſon amant & la liberté que je laiſſai à ſon mari de venir chez moi, levoient tous les obſtacles qui s'étoient oppoſés à ces arrangemens & à mon gout pour elle. Elle accepta ma propoſition. Je recommençai à la voir plus ſouvent & avec

plus

plus de plaiſir, la trouvant beaucoup plus occupée de ce qu'elle fait.

Un de mes amis s'étant trouvé dans une ſituation effroyable, elle parut s'y intéreſſer vivement quoiqu'elle le connût peu ; & lui donna dans cette occaſion, des marques de la plus grande amitié. Cela me parut ſimple parce ce que je ne connois pas une créature plus intéreſſante que lui, ni une plus ſenſible qu'elle. Au bout de trois ſemaines, pluſieurs avances qu'elle lui fit, quelques billets qui me tombérent entre les mains parce qu'il y etoit queſtion de moi, me firent croire qu'elle en avoit la tête tournée. Cependant je ne remarquois point de changement en elle, & je ſoupçonnois qu'elle nourriſſoit ce gout ſans le ſavoir.

Mais j'ai été désabusée de cette idée par une remarque que j'ai faite depuis que nous sommes à la campagne, & qui tient à ce que j'ai dit de son caractère. Ses instances pour le voir, sont d'une vivacité extrême, & dès qu'il est arrivé, le bon jour donné & rendu, elle n'en est plus occupée, & ignore presque qu'il y est. Depuis un mois que nous sommes ensemble, j'ai remarqué encore qu'elle s'est corrigée de ce désœuvrement qui me déplaisoit en elle. Elle s'occupe. Elle a beaucoup plus d'ordre dans ses lectures & dans ses idées. Ses tics sont toujours les mêmes; mais comme je n'ai point de chagrin actuellement, ils ne m'importunent pas. Je l'aime tendrement. La crainte de me trouver trop engagée quand son

Amant

Amant ſera de retour, peut ſeule m'empêcher de me livrer, ſans reſerve, à mon goût pour elle.

Je concluë qu'à tout prendre, il n'y a point de femme qui vaille Madame ***. Elle a l'eſprit & le cœur excellens, ſa tête pourra lui faire faire plus d'une faute. Elle eſt légére, mais elle eſt conſtante. Elle eſt légére en ce que le plaiſir & la peine ne laiſſent guères de traces chez elle. Tout s'efface avec autant de promptitude qu'elle ſent vivement dans le premier inſtant. Elle eſt auſſi eſſentielle en amitié que tendre en amour. Jamais elle n'a dit ni cru de mal de perſonne, & quiconque entreprendra ſa critique, finira, comme moi, par ſon éloge.

FRAG-

FRAGMENT D'UNE LETTRE.

Ecrite en 1756.

SOit, ma chere amie; vous le voulez, je vous peindrai Paris en laid. J'ai aujourd'hui autant d'humeur qu'il en faut pour cela, & si c'est vous consoler du contre-tems qui vous empêche d'y venir, que de vous en dégouter, je me flate d'y réussir.

Nos habitans sont en général si légers ! Leurs mœurs ne sont guères plus solides que leurs têtes. Chaque état, chaque quartier en adopte de différentes, & s'occupe à critiquer celles

celles de ſon voiſin. Ils ſont tous alternativement les modeles & les ſinges les uns des autres.

Cependant en général, le peu d'hommes aimables & ſenſés que nous avons ici, le ſont plus qu'ailleurs. Il y a dans tous les états, quelques perſonnes qu'on peut citer pour des gens d'un grand mérite, & je n'ai que faire de vous les dépeindre, parce que le mérite eſt le même partout. Mais, en revanche, quel tas d'agréables, de petits-maitres & de fats!

Ceux de la cour ſont auſſi leſtes dans leur propos & dans leur maintien qu'en équipages & en habillemens. Ils font profeſſion d'impoliteſſe. Jamais ils ne ſont plus contens d'eux mêmes que quand ils ont attaqué la réputation de quelque femme. Ils ne ſe font pas même faute de faire les honneurs de celles qu'ils n'ont jamais vuës, & promettent leurs bonnes graces au premier étourdi qui débute dans le monde ſous leur protection. S'ils vont aux ſpectacles, c'eſt dans le deſſein de ne point écouter, ou d'interrompre les acteurs. Ils courent aux promenades pour y étaler leurs graces. Les moins opulens entretiennent des filles par ce qu'il eſt du bon air d'être ruiné à trente ans & de mourir de vieilleſſe à quarante.

Quant aux petits-maitres de robe, je ne puis mieux vous en faire juger que par le portrait original de Monſieur *** dont vous avez vû quelques lettres. Repréſentez-vous une petite figure de quatre pieds &

demi de haut, le viſage blême, rapetiſſant les yeux, ſe mordant les lêvres, les épaules rondes, l'habit poudré & non les cheveux; le corps droit, la tête panchée, les coudes en arriére, les mains dans ſon manchon qu'il porte toujours ſur le cou; queſtionnant à droite tandis qu'on lui répond à gauche, riant & parlant toujours quoiqu'il n'ait rien à dire, commençant très haut ſa phraſe, la finiſſant entre ſes dents; décidant de tout, ne ſçachant rien, & jugeant du plaiſir qu'il fait aux autres par la ſatisfaction qu'il a de lui-même. Cet homme a pourtant une bonne qualité: il ne médit jamais de perſonne. Il eſt vrai qu'il ne croit pas que le public en vaille la peine; il ne le juge pas digne de ſa colère. Son mot favori eſt, *Eh... mais... c'eſt tout ſimple...* Il prend intérêt à tout ce qui vous arrive, avec un froid glacial. Il ne manque pas l'occaſion de vous faire un compliment, & toujours le plus longuement qu'il peut. Tout eſt chez lui auſſi méthodique que ſa figure. Lorsqu'on vint lui annoncer la mort de ſa femme, il ne ſe mit à pleurer que quand il eut tiré ſon mouchoir. Enfin, c'eſt un petit recueil d'inſipidité & de pédanterie, auſſi complet que j'en connoiſſe.

Les hommes de lettres qu'on appelle beaux eſprits, ſont auſſi une eſpèce à part. Ils ne ſont pas, pour la plûpart, auſſi inſtruits que leur état ſemble l'exiger, & qu'ils voudroient le faire croire; mais en re-

vanche,

vanche, ils décident ſans appel, dénigrent mutuellement leur mérite & leurs talens, & prêchent avec emphaſe la conſidération duë à leur état; pour laquelle ils négligent volontiers & pour cauſe, celle de leur perſonne. Ils ne ſe refuſent aucune plaiſanterie. Ils prétendent être équitables dans leurs jugemens, en n'épargnant pas même leurs amis; mais on ne peut s'empêcher de reconnoitre en eux cette baſſe envie qui cherche à dégrader le vrai mérite, & la partialité pour leurs protégés. Car un homme de lettres un peu à la mode ne manque pas d'en avoir pluſieurs. Ce qui vous paroitra ſingulier, c'eſt qu'ils ſoyent venus à bout de s'attirer cette eſpèce de conſidération. Ils ſont reçus, fêtés même, dans la bonne compagnie. On les écoute comme des oracles. On les cite comme l'évangile. On les craint comme l'aſpic, & il n'y a que les gens d'eſprit qui s'en moquent comme ils le méritent....

En voilà bien aſſez... Qu'en dites-vous?... Arrivez, arrivez, ma chere amie. Alors Paris me paroîtra moins mauſſade, & je vous le peindrai en beau.

AUTRE FRAGMENT D'UNE LETTRE.

SUITE DE LA PRECEDENTE.

En 1756.

VOus prenez donc gout à mes portraits? J'en ſuis fâchée. La palette & les pinceaux ſont jettés. Tout ce que je puis faire, c'eſt de vous intéreſſer par le récit de deux orages que j'ai eſſuyés ces jours-ci. Cela fera deux ſcènes à placer dans une piéce qu'on pourroit intituler, *Le petit-maitre bourgeois.* Le mien eſt un maitre des requêtes tout frais moulu. Voici ſon début chez moi.

Lui.

Lui.

Eſt-il permis, Madame, de vous faire ſa cour, ſans vous importuner? Car quelqu'envie qu'on en ait.... Vous êtiez, je crois, occupée?... Je vous dérange, Madame, je m'en vais.

Moi.

Monſieur, point du tout. Je liſois, &...

Lui.

Et l'état de vôtre ſanté?... Vous avez le meilleur viſage du monde... Elle me paroit très bonne... C'eſt toujours Monſieur Tronchin?... En vérité c'eſt un grand Médecin... Ne vous ferez-vous pas inoculer? ... Ah! il faut attendre que vous ſoyez plus forte... Et d'ailleurs, vous n'avez peut-être pas confiance en l'inoculation?... Je n'en ſuis pas étonné,

quoi

quoiqu'elle ſoit, dit-on, fort avantageuſe... Mais je ne ſçais... Il faut bien de la réſolution... Il eſt vrai que vous êtes une Dame, Madame, très courageuſe... N'importe; je ne le conſeillerois pas. Vous ne l'aurez peut-être jamais. Il y a tant de gens qui ne l'ont pas... Mais ne l'avez vous pas euë?.. Oh non. Votre teint prouve aſſurément qu'il n'en a jamais été queſtion... Vous avez vû ſans doute Servandoni, Madame?

Moi.

Non, Monſieur.

Lui.

Comment, vous ne l'avez pas vû?.. Il eſt vrai que vous ſortez très peu. L'on ne vous voit preſque jamais au ſpectacle... Eh bien, pourquoi cela par exemple? Car vous êtes aſſurément bien faite pour vous montrer, & ayant comme vous, Madame, le gout des talens... & assurément tout l'esprit qu'il faut pour les cultiver, je suis étonné que vous n'alliez pas plus souvent... Mais vous aimez vôtre chez-vous... Vous sçavez vous occuper... Et puis... je ne sçais si je me trompe... Je crois qu'on peut vous dire cela, sans vous offenser... Mais je vous soupçonne d'être un peu paresseuse... Il est vrai que les Dames n'ont que cela à faire.

Moi.

Monsieur.

Lui.

Vous donnez dans les gens d'esprit... Vous les aimez, les gens d'esprit... Vous vivez à vôtre fantaisie... enfin, comme il vous plait... Vous avez raiſon.... Il faut vivre pour ſoi... Quand on a paſſé cette premiere jeuneſſe... Ce n'eſt pas que vous ne ſoyez encore très jeune... Mais je dis, quand on commence à n'être plus dans ce premier moment, où une jeune femme entre dans le monde, il faut fort peu s'embarraſſer de tout cela... Vous pourriez avoir chez vous grande & belle compagnie, aſſurément... Mais cela ne vous plaît pas... Vous aimez mieux vivre en particulier... C'eſt vôtre gout, & c'eſt tout ſimple... D'autres aiment le jeu. Vous, vous aimez la retraite... Je ne blâme point cela. Cela a ſon agrément... Et à la campagne, n'avez-vous pas bien du monde? Ah, ſans doute... En tout cas, on prend ſes précautions pour éviter la trop grande compagnie ... Car, si près de Paris.... Mais il est certain qu'on n'a que le monde qu'on veut, & dès que vous n'en voulez point avoir, vous faites fort bien de prendre vos arrangemens... Et cela est bien aisé. Il n'y a qu'à dire à vôtre portier ici que vous n'y êtes pas.... Après cela, je suis persuadé, Madame, que vous sçavez très bien prendre les moyens les plus sûrs & les meilleurs. Mais il est certain que cela est necessaire... Et M. R***? Vous le voyez beaucoup? C'est un homme singulier... Je conçois pourtant que sa compagnie peut être aimable... Et puis, apparemment qu'il vous convient.... Je dis sa société, & peut-être bien même son esprit... Cela amuse... Il est vôtre voisin peut-

être?

être? Où demeure-t-il? Ah, on me l'a dit... Dans la ruë de Grenelle... Ouï. Ce n'est qu'à deux pas... Eh bien, cela est fort commode... Mais non vraiment, cela n'est pas si près. Je me dédis comme un traitre...

SECOND ORAGE.

Lui.

JE vous interromps encore, Madame. Je viens toujours mal à propos; n'est-ce pas?.. Mais avec des Dames, comme vous, on ne sçait quel moment prendre... Toujours occupée, toujours lisant... Et quelles sont vos lectures favorites?.. Les Romans? Non. Vous ne les aimez pas... Le sentiment pourtant est bien digne d'occuper une Dame comme vous... Il eſt vrai que le ſentiment des gens, ou des héros qu'on n'a jamais vûs, n'intéreſſe pas une grande ame comme la vôtre... Et puis, tout cela n'eſt peut-être pas vrai, d'un côté... D'un autre, ſi cela l'eſt, il faut convenir que l'amour de ces tems-là ſe traitoit mieux que de nos jours... Quand je dis mieux, c'eſt-à-dire, il y avoit plus de fidélité, plus de conſtance... Bien des gens, je l'avouë, diſent que celá n'eſt bon à rien; mais je ne ſuis pas de leur avis, moi... Je n'oſe pourtant le dire... Car, Madame, on dit que ce ſont les Dames qui ont mis l'inconſtance à la mode... Je ne le crois pas au moins... Cependant, comment en accuſer les hommes?.. On ne peut diſconvenir que cela

cela n'eſt pas trop poſſible.... Les Dames ont tant de reſſources... Vous me direz, c'eſt que nous ne valons pas toujours la peine qu'elles les employent... Cela eſt vrai... Mais qu'en conclure? Que nous ſommes inconſtans & que c'eſt la faute des Dames... ſi tant eſt qu'elles puiſſent faire des fautes.

Moi.

Elles vous doivent, Monſieur, bien de la reconnoiſſance, du ſoin que vous prenez de les deffendre...

Lui.

Deffendre? Je ne les deffends point. Elles n'en ont pas beſoin, Madame... Et quand elles en auroient beſoin, il faudroit un meilleur Avocat que moi... D'ailleurs, je me declare bien leur Chevalier, aſſurément; mais elles

ne

ne ſont pas aſſez ſenſibles à ce que l'on fait pour elles... Senſibles, c'eſt-à-dire, reconnoiſſantes... Mais reconnoiſſantes, n'eſt pas aſſez non plus pourtant... Il faut mieux que cela... Seriez-vous un peu ſenſible?... Eh non. Vous êtes trop philoſophe... Je le diſois hier... Tenez... Combien de femmes à vôtre place, avec vos graces & vôtre eſprit... Mais c'eſt que vous n'êtes pas femme. Voilà ce qui fait préciſément que quand une fois on vous a vuë, vôtre image... Mais ſans doute ces complimens vous paroiſſent fades?.. Quand je dis complimens, c'eſt-à-dire, vérités... Et d'ailleurs, on vous dit tant & d'une maniére, certainement, ſi bien tournée... Mais quelquefois les répétitions ennuyent...

On

On s'ennuye à la fin des choſes les plus agréables... Ainſi mon hommage... Pardon, Madame, pardon... Mais pourquoi pardon? Je ne puis me deffendre de vous faire un aveu... Un aveu?.. J'ai peut-être prononcé ce mot trop à la légère... Je ne ſuis pourtant pas léger. Je crois que je puis le dire, ſans trop me vanter... Mais, puiſque le voila dit, je ne ſçaurois m'en dédire... Non, en conſcience, Madame, non. Je ne le puis pas... Souvent la vérité ſe dit en riant, & je vous défie de vous en fâcher... Et même... ſi je vous l'avois dit moins légèrement, que ſçais-je comment vous auriez pris la choſe?

Moi.

En vérité, Monſieur...

Lui.

Oh, Madame, ſi vous ſçaviez comme vos yeux, ces beaux yeux!.. ont captivé... Bon, vos yeux. Ce ne ſont pas vos yeux; c'eſt vôtre mérite qui enchaîne comme malgré... Je dis, comme: car d'ailleurs c'eſt ſi doux... quoiqu'il ſoit toujours fâcheux de perdre ſa liberté... Mais, en eſt-on le maitre?.. J'ai eu quatre grandes paſſions dans ma vie... Mais tout cela n'eſt rien... Rien? Oh que ſi, vraiment. Cela occupe furieuſement un homme... Vous me direz qu'il eſt gracieux d'être occupé... Je n'en diſconviens pas; mais il faut du retour: car... qu'eſt-ce qu'une paſſion ſans retour?.. Il eſt vrai que le ſentiment occupe quelquefois pour deux... Ah, Madame, me, ceux que vous inſpirez, ſont bien forts certainement,.. Vous me permettrez de vous le dire... il ne ſeroit pas juſte d'abandonner à ſon mauvais ſort... un malheureux... trop heureux, il eſt vrai, de vous adorer... Et puis... ce n'eſt point à moi à vous faire des loix... Mais ſongez-vous, Madame, que, ſi j'étois pourtant aſſez malheureux, pour vous être indifférent, vous pourriez me faire bien du mal, ſans compter le ridicule?.. Ce n'eſt pas que je ne puiſſe bien me mettre au-deſſus de cela... Je ne ſuis pas ſans courage d'eſprit... Et dans le fonds... qu'eſt-ce qu'un ridicule?.. On n'en ſçait rien. Meſſieurs les beaux-eſprits l'ont-ils décidé? Non... Attendez. Je crois qu'ouï pourtant... Mais n'importe.

 C'eſt

C'eſt de vôtre façon de penſer, Madame, dont il s'agit... Eh bien? Etes-vous un peu touchée, belle Dame?

Moi.

Monſieur.

Lui.

Comment, belle Dame, vous vous fâchez? Voilà de l'aigreur... C'eſt-à-dire, ce n'eſt pas de l'aigreur... car vous êtes ſi douce!.. Mais l'équilibre philoſophique eſt ſeulement un tantinet dérangé... Mais pourquoi? Je vous ouvre mon ame... Il eſt vrai que c'eſt ma faute. Car... de quel droit, moi, viens-je vous demander du retour?.. Cependant le reſpect, la circonſpection &.... J'oſe dire que jamais en pareil cas, je ne me ſuis trouvé ſi.... Mais il faut de la diſcretion. C'eſt la vertu des

gens

gens ſages . . . Mais où trouver des gens ſages ? . . Que faire ? Ah, Madame ! Prenons les hommes comme ils ſont. Sans cela, il faudroit vivre tout ſeul . . . Il eſt vrai qu'on ſeroit peut-être plus heureux . . . Seulement il faudroit pouvoir ſe paſſer des autres. Et cela n'eſt pas toujours aiſé . . . Ah, je vois que vous n'êtes pas de mon avis . . . En effet, pourquoi en feriez-vous ? Le vôtre eſt ſûrement meilleur . . . Mais s'il m'étoit permis, cependant, de contredire . . . Car au fond, ma thèſe n'eſt pas mauvaiſe. Elle eſt fondée ſur vôtre éloge . . . Il eſt vrai que je vous accuſe d'ingratitude . . . Mais, de bonne foi . . . ai-je tort ? Ce qui m'arrive, n'eſt-il pas la preuve de ce que je dis ? . . Je reviens toujours à mes ſentimens... Et vous, Madame?.. A vos rigueurs, ſans doute?.. Mais pourquoi cela?.. Si vous ſçaviez comme il eſt doux d'aimer!.. Et voilà préciſément mon malheur. C'eſt que les ames fortes, comme vous, jugent toujours d'après elles... Il me ſemble pourtant que je ne voudrois pas juger de ce que je ne connois pas... Ne croyez pas cependant que je vous blâme... En rien... Au contraire, Madame, je vous admire en tout... ouï... en tout... Mais je me plains... C'eſt ſi naturel à un malheureux de ſe plaindre... Ah Ciel, Madame! Je vous ennuye peut-être? . . . .

. . . .

Je

Je ſuis renduë, ma chere amie. Je n'en puis plus. Ni vous non plus; n'eſt-ce pas? Bon ſoir.

LET-

LETTRE A LA GOUVERNANTE DE MA FILLE.

LEs avis que j'ai à vous donner ſur l'éducation de ma fille, d'après une longue étude de ſon caractère, ne ſont pas, Mademoiſelle, l'affaire d'une lettre, ni d'une converſation. Je me bornerai à quelques regles générales que je vous prie de bien obſerver; me reſervant de cauſer avec vous ſur les cas particuliers à meſure qu'ils ſe préſenteront.

Je veux que ma fille ſe léve, tous les jours, à huit heures; qu'elle faſſe auſſi-tôt ſes priéres ordinaires du matin, auxquelles vous joindrez celles que je vous donnerai pour elle.

Elle déjeunera enſuite; & fera ſa toilette. Le tout doit être fini au plûtard à dix heures. Dès qu'elle ſera habillée, elle lira pendant une demie heure, ſoit l'explication de l'Epitre & de l'Evangile, ſoit quelque autre morceau de morale chretienne. Vous la lui laiſſerez interrompre tant qu'elle voudra; ſurtout ſi c'eſt par des queſtions ou des obſervations rélatives à la lecture. Si au contraire elle s'intérrompt par l'ennui que lui cauſe cette occupation, il faudra tâcher de la ramener avec beaucoup d'amitié. Faites lui ſentir que chaque choſe doit avoir ſon tems; que comme elle trouveroit fort déplacé, quand elle eſt occupée de ſa poupée, qu'on l'interrompît par des queſtions

questions sérieuses; de même elle seroit très répréhensible de jouer lors qu'elle est occupée de ses devoirs. Si vous ne pouvez pas la fixer par ce raisonement, il ne faut pas lui faire quitter le livre; car cela doit être regardé comme une punition, & réservé pour la derniére extrémité. Ayez plutôt soin, sans qu'elle s'en apperçoive, de vous prêter à ses distractions, soit par quelques questions sur la lecture même, soit en lui contant quelques faits qui y ayent rapport; afin de lui ôter l'ennui & l'uniformité de ses leçons; & surtout l'occasion de se livrer à l'entêtement & à l'humeur. Si tout cela ne réüssit pas, gardez-vous bien de l'en gronder; car, sans compter que

vous

vous produiriez l'effet contraire de ce que nous desirons, c'est que cela n'en vaut pas la peine; & qu'une fille a du tems de reste pour apprendre.

A cette lecture d'une demi heure, il faudra consacrer une heure entiére; tant pour les interruptions, que pour la laisser reposer; & la mettre en état de commencer à onze heures à écrire une ou deux pages de suite, suivant la grandeur du papier.

S'il lui reste du tems jusqu'au dîner, il faut l'employer à la promenade, quand le tems le permet. Là, tout en causant, tâchez d'exciter & nourrir en elle cette curiosité qui est si naturelle aux enfans; & qui leur apprend plus, si l'on sçait la mettre à profit, que tous les maîtres ensemble. Pour cela, il faut tâcher de lui faire des questions à propos ; & lui donner occasion d'en faire à son tour. Il ne faut pas la blâmer quand elle dit une chose fausse ; mais, tout en causant, il la faut convaincre du contraire, par la raison, par l'évidence, & non par les préceptes & les maximes. C'est sur tout aux yeux des enfans qu'il faut parler plus qu'à leur esprit. Apprenez-lui à admirer les beautés de la nature ; à voir travailler les insectes. Par exemple, Les petites choses sont plus à la portée des enfans : Qu'elle s'accoutume à être attentive à tous ces objets, si dignes d'être admirés, & si négligés dans l'éducation ordinaire. Qu'elle soit sensi-

ſenſible au plaiſir de ſecourir un animal qui ſouffre. Ce ſera en la rapprochant d'elle-même par la réflexion, en lui faiſant ſentir la joye qu'elle auroit d'être ſecouruë dans ſa peine, qu'on pourra lui faire connoitre le bonheur d'être ſenſible & compâtiſſante. C'eſt le chemin à la vertu & à l'humanité. Il faut auſſi lui faire ſentir qu'une bonne action n'eſt jamais ſans récompenſe; mais que la plus agréable & la plus douce de toutes, c'eſt la ſatisfaction qu'on a d'avoir bien fait. C'eſt en conſéquence de ce principe qu'il faut, quand elle a donné quelque preuve ou de ſenſibilité ou de générosité ou d'autres vèrtus qui partent du cœur, lui montrer par toutes vos maniéres, la plus grande ſatisfactisfaction; lui pardonner dix fautes pour un ſeul de ces mouvemens; & me l'amener comme en triomphe.

Le contraire, mot pour mot, quand elle aura marqué ou cruauté ou inſenſibilité, ou quelque autre penchant qui à la longue pourroit dégénérer en vice.

Si le tems ne permet pas la promenade du matin, il faut la faire travailler jusqu'au dîner à quelque ouvrage convenable à ſon ſexe; broderie &c. Il faut en avoir toujours cinq ou ſix à choiſir, afin de pouvoir l'accoutumer à ces occupations ſans ennui. Rien ne détruit tant les fantaiſies que de ſçavoir les prévenir ſans conſéquence dans les choſes indifférentes.

Depuis une heure juſques à quatre

tre après diner, je la garderai auprès de moi. Depuis quatre jusqu'à cinq, vous prendrez un chapitre ou deux de son catéchisme ; & vous lui conterez, en causant & sans livre, ce qu'il contient. Faites la dès aujourd'hui cesser de l'apprendre par cœur. Il faut, Mademoiselle, que vous le sachiez & le conceviez bien ; à force d'en causer & de la questionner sur ce que vous lui aurez dit, elle le retiendra à la fin bien mieux, & d'une maniére bien moins ennuyeuse. Cette heure sera partagée également entre le catéchisme historique & dogmatique.

Comme il faut lui exercer la mémoire, vous lui apprendrez depuis cinq heures jusqu'à cinq & demie quelques scénes de comédie, des fables,

fables, ou autres morceaux que je lui choiſirai. Si elle a quelques momens de reſte le matin, & de la bonne volonté, on pourra auſſi les employer à cette étude qui deviendra une récréation pour elle ſi vous voulez vous donner la peine d'apprendre avec elle comme à l'envi. Rien n'eſt ſi aiſé que d'exciter ſon émulation.

Depuis cinq heures & demie juſqu'à ſix & demie, vous cauſerez avec elle ſur l'hiſtoire, vous lui conterez pendant une demie heure la vie d'un Roi, comme vous lui conteriez une fable; &, l'autre demie heure, vous prendrez une carte de géographie; & vous l'inſtruirez ſans lui rien faire apprendre par cœur. Le lendemain à pareille heure vous la prierez de vous conter à ſon tour ce que vous lui aurez dit la veille; ſi elle n'en a rien retenu, il faut recommencer les mêmes choſes, & les lui faire répéter ſur le champ.

Pendant ces converſations, vous pouvez lui faire prendre ſon ouvrage pour la fixer machinalement auprès de vous.

Le reſte du tems ſera employé à la promenade, ou à jouer auprès de moi.

A neuf heures préciſes elle ſoupera, après avoir fait ſes priéres ordinaires; en ſuite de quoi un examen moral & ſpirituel de tout ce qu'elle aura fait dans la journée; &, pour qu'elle s'y accoutume & qu'elle le faſſe avec fruit, vous le ferez avec elle. Il faut qu'elle soit couchée, au plus tard, à dix heures & demie.

En général je ne veux point de punition; pas même de réprimande sur tout ce que la raison, l'usage du monde, & l'envie de plaire corrigent avec le tems. Ne lui dites rien, ou parlez-lui du moins très légérement, sur sa contenance, sur sa mauvaise grace, même sur son étourderie; & ne lui en parlez jamais devant le monde, pas même devant moi. Quand elle aura quinze ans elle sçaura se tenir & marcher de reste.

Quand aux défauts essentiels qui pourroient faire craindre pour son caractère, & pour son bonheur; vous voyez comment il faut s'y prendre. Si vous

vous êtes ſeule avec elle, lorſqu'il lui arrive de tomber dans une faute grave, faites-lui ſentir, par tous les raiſonnemens que vous pourrez rapprocher de ſon âge, combien il eſt dangereux pour une fille de ſe mettre dans un cas pareil; malgré cela elle y retombera. S'il y a du monde, contentez-vous d'un coup d'œil. Quand vous vous retrouverez ſeule avec elle, ſoyez très ſérieuſe; mais ne le ſoyez que dans ces cas. Montrez lui tout l'extérieur de quelqu'un qui a du chagrin: ne lui dites d'ailleurs mot, & voyez la venir: prenez garde ſur-tout de ne pas mettre la ſéchereſſe à la place du ſérieux. Elle eſt ſenſible, & elle vous aime. Elle vous demandera ce que vous avez. Sans la gronder, dites lui qu'en effet vous avez de la peine: laiſſez lui en demander le ſujet plus d'une fois; & avouez lui enfin qu'elle ſeule en eſt la cauſe: elle voudra ſçavoir pourquoi; vous lui direz que vous n'avez pû voir ſans la plus vive douleur l'impreſſion qu'a fait ſur tout le monde le défaut dont vous aurez à la reprendre: dites-lui que la crainte de le faire remarquer à ceux à qui, par diſtraction, il pouvoit être échappé, avoit à peine ſuffi pour vous empêcher de lui répéter tout haut ce que vous lui avez déja dit ſur ce ſujet: que ce défaut eſt capable de lui corrompre le cœur, d'effacer ce qu'il peut y avoir de bon en elle, & de la perdre dans le monde: que votre tendre attachechement pour elle, & le peu de cas qu'elle fait de vos repréſentations vous pénétrent d'affliction ; qu'elle laiſſe ſans fruit les germes de vertu qui ſont en elle, tandis que vous & moi nous lui donnons inutilement les moyens de les cultiver &c.

En général pour les choſes eſſentielles, mais qui ſont purement extérieures & de convention dans le monde, inſpirez lui l'amour de ſa réputation, & la crainte du public ; mais ne lui inſpirez jamais ni crainte, ni envie particuliére de plaire ou de déplaire à tel ou tel.

Sur les vices, ne lui apprenez à redouter que ſa propre conſcience ; & à ne déſirer, pour récompenſe de ſes vertus, que la gloire inexprimable d'être ſans reproche à ſes propres yeux.

Ne lui parlez des choſes d'uſage que par maniére de converſation.

Voilà, Mademoiſelle, quelques principes que je vous prie de ſuivre. Nous entrerons en explication ſur les détails ſuivant l'occurrence.

Quant à l'inſtruction; vous voyez que, pour alléger le travail de ma fille, j'en exige beaucoup de vous. Il faut cauſer perpétuellement, & tirer parti de tout pour lui former le cœur; voilà l'eſſentiel. L'eſprit ira tout ſeul; ou, ſi les progrès en ſont lents, du moins ils ſeront plus ſûrs. Les ſots entêtés de leurs vieux préjugés diront, peut-être, que nous n'y entendons rien: Laiſſez les dire; elle & ſon mari nous remercieront.

POR-

PORTRAIT DE LIRETTE, MA CHIENNE.

En 1757. le jour qu'elle entra dans ſon dernier luſtre.

C'Eſt le plus honnête homme que je connoiſſe. Son cœur eſt fier, ſenſible & reconnoiſſant. Son ame eſt noble & tendre. Son eſprit eſt juſte, pénétrant, ſérieux & gai.

Elle auroit un peu de penchant à la jalouſie; mais cette jalouſie même eſt toujours ſi délicate & ſi dénuée d'amour-propre qu'elle devient un agrément de plus dans ſon commerce.

Sa

Sa figure eſt très bien, quoiqu'un peu ſur le retour. Sa phiſionomie eſt fine & touchante. Sa taille, autrefois des mieux priſes, eſt devenuë un peu apoplectique. Son grand âge & ſon extrême gourmandiſe peuvent avoir produit ce changement.

Elle ſupporte ſes infirmitez, & bien d'autres, avec un courage & une conſtance héroïques. On ne l'entend ſe plaindre ni de ſon aſthme, ni d'une autre incommodité plus chatouilleuſe qu'inquiétante. Sans importuner perſonne, elle va ſe grater dans un coin, & étouffer dans un autre.

Elle eſt vraye & franche; qualités devenuës ſi rares, ſi reſpectables, & dont ſi peu d'hommes peuvent ſe vanter.

Je

Je l'ai vuë jeune; s'il eſt vrai qu'elle l'ait jamais été: car ſon eſprit fut toujours mûr & ſolide.

Toutes ſes actions étoient marquées au coin des graces & de l'originalité, & elle n'a point changé. Veut-elle plaire, elle eſt ſûre de réuſſir. Ses careſſes ſont recherchées & tendres, mais toujours moderées; elle en connoit le prix. Lui a-t-on déplu, ſoit par une démarche délibérée & fiere qu'elle ne pardonne guères aux étrangers, ſoit en quittant l'appartement ſans ſa permiſſion, tout à coup ſes beaux yeux s'allument d'une noble colère; on la voit s'élancer au jaret du coupable, & par quelques coups de dent qu'elle ſçait proportionner à l'offenſe, elle rapelle au reſpect, & produit le repentir.

Perſonne ne poſſede, comme elle, l'art de tenir ſon monde à une diſtance convenable.

Lors que le tems, qui détruit tout, aura paſſé ſa faulx cruelle ſur une ſi belle vie, ſa mémoire ſera à jamais chérie & reſpectée, de quiconque eſt ſenſible au vrai mérite.

LET-

LETTRE
A MADAME LA PRESIDENTE DE M...

En 1747.

LE plus grand écueil pour l'amitié, ma chere amie, eſt de donner des conſeils. Vous m'en demandez, & quoique je vous connoiſſe toutes les qualités néceſſaires pour en recevoir, je tremble d'abuſer de la loi que vous venez de m'impoſer.

Je ſuis ſans doute dans le cas de profiter moi-même du modèle de conduite que je vais vous propoſer. N'imaginez pas que je ſois aſſez ſotte, pour m'en impoſer par le ton que je vais prendre. Je ſens tous les jours combien j'ai beſoin de conſeils. J'écoute tous ceux qu'on veut bien me donner, & je m'étudie à diſtinguer les moins intéreſſés & les plus utiles.

J'ai réfléchi ſur votre ſituation. Elle eſt délicate & pénible. Toujours entre vôtre Belle-Mere & vôtre Mari, l'alternative eſt embarraſſante; mais quand on a, comme vous, de la droiture & de bonnes intentions, il n'eſt pas impoſſible de ſe procurer, malgré cela, une vie agréable ou du moins tranquille. Votre mari n'eſt pas auſſi difficile à vivre que vous l'imaginez. Il n'eſt exigeant que parce qu'il vous aime. Convenez avec moi, que quoique votre

votre conduite ſoit ſans reproche, elle eſt ſouvent mal entenduë, & autoriſe par là cette jalouſie qui vous gêne. Vous êtes obligée par état, d'avoir une maiſon ouverte; vous avez un bon cuiſinier; vous jouez gros jeu, & vous perdez ſouvent; vous avez de l'eſprit, des graces, & une jolie figure: en voilà plus qu'il ne faut pour vous attirer du monde de toute eſpèce. Parmi ce monde, il y a beaucoup de jeunes gens. Pourquoi être avec tous, comme vous ſeriez avec votre ami particulier? Il y a, ce me ſemble, une façon de recevoir, qui ſans être familiére, ſeroit auſſi affable & plus décente. Qu'un jeune homme qui vous aura entendu parler légérement, au milieu de trente étourdis comme lui, ſe trouve enſuite tête à tête avec vous, ſon ton en ſera bien plus libre que s'il vous eut vu plus reſervée, & parlant à chacun tour à tour, de ce qui peut l'intéreſſer. C'eſt à quoi nous ſommes réduites lorſque notre état nous oblige de repréſenter. Il eſt une ſorte de politeſſe générale & froide, dictée par l'uſage, &, ſi vous voulez, par l'ennui, mais qui eſt admirable pour ranger chaque homme à ſa place, & pour les tenir tous à une juſte diſtance de nous. Il vous arrivera de vous permettre par légéreté, une plaiſanterie que vous croirez ſans conſéquence. Elle vous attirera une réponſe qui vous obligera de prendre votre ſérieux. En voulant en impoſer, vous paſſerez dans l'eſprit

de

de ces jeunes gens, pour pédante ou capricieuſe, & votre Mari qui eſt inſtruit de toutes vos démarches & de vos moindres propos, s'imaginera vous faire grace, en ne vous croyant qu'étourdie & coquette.

Une choſe encore, à laquelle vous ne ſçauriez trop prendre garde, c'eſt de ne vous pas jetter à la tête de ceux que vous ne connoiſſez pas. Je vous ai vu ſouvent prodiguer votre eſtime, quelquefois votre confiance, à des hommes fort médiocres, & par trop de candeur, ſoumettre votre jugement à beaucoup de gens qui n'en avoient pas.

Il y a, je le ſçais, des perſonnes qui méritent des égards, ſoit par leur état, ſoit par leur mérite; mais comme ces derniers ſurtout, ſont bien rares, il s'agit de les choisir, & ce n'est pas une petite affaire. Par cette conduite vous vous exposerez peut-être, à la prévention & à la jalousie des sots; mais c'est un inconvénient qu'il ne faut pas redouter & qui ne mérite pas nôtre attention; car, dans l'embarras du choix, il vaudroit encore mieux les avoir pour censeurs que pour partisans.

Méfiez vous des femmes en général, & en particulier de celles qui vous entourent. Vous connoissez leur but. Quoi qu'il soit le même, elles prennent, chacune, des moyens différens pour y arriver. Prenez garde de vous laisser engouër par la flaterie des unes, ou aigrir par les propos des autres. En général toute prévention est à craindre. Mademoiselle de de M... dont vous faites tant de cas aujourd'hui, eſt la même qui conſeilla votre mari, il y a trois mois. C'eſt le malheur des perſonnes qui ont une auſſi belle ame que la vôtre, de ne point imaginer de trahiſon cachée ſous les apparences de l'amitié. Mais telle qui vous paroitra la plus zélée pour vos intérêts, ſera peut-être la premiére à vous faire repentir de vôtre franchiſe. Ceci n'eſt qu'un tableau général de ce qui ſe paſſe chez vous. Je ne prétends point vous rendre ſuſpect tout ce qui vous environne; car parmi ceux que vous voyez, je crois démêler d'excellens caractères.

Cette bonne foi qui vous rend ſi eſtimable aux yeux des honnêtes gens, ne laiſſe pas quelquefois d'avoir ſes inconvéniens. Non ſeulement elle vous fait croire toutes les hiſtoires que l'on vous débite; mais elle vous les fait ſouvent répéter, & vous attire par là une réputation de méchanceté que vous ne voulez point mériter. Vous l'avez cependant. Beaucoup de gens vous craignent, c'eſt-à-dire, que vous avez beaucoup à craindre d'eux. Eh que nous font les affaires d'autrui? Pourquoi nous en embarraſſer? Faut-il donc, pour être heureux, blâmer les autres ou rire à leurs dépens? Comment, m'allez-vous dire, empêcher les gens de parler, quand ils viennent nous compter des hiſtoires? Croyez, ma chere amie, qu'ils ne vous les diſent, que parce qu'ils ſçavent que cela vous amuſe. Il y a une façon d'écouter qui déconcerte prodigieuſement les conteurs, ſurtout les agréables; & ſoyez ſûre que les hommes en général ont le tact trop fin, pour nous entretenir de choſes qui nous déplaiſent réellement.

Avec la façon de penſer que vous connoiſſez à votre mari, je ſuis étonnée que vous ſoyez quelquefois auſſi libre dans vos propos, & que vous vous prêtiez même à la poliſſonnerie. La liberté de la campagne que vous m'alleguiez l'autre jour, n'eſt point une excuſe raiſonnable. Une femme eſt toujours femme. Modeſte par état, la retenuë doit la ſuivre partout; & lorſqu'elle eſt avec des hommes, elle a des motifs bien plus forts pour ſe reſ-

 pecter.

pecter. Je ne veux point par-là vous dire qu'il faille renoncer à toutes sortes d'amusement ou même de plaisanterie ; mais je crois qu'il en est, auxquels on ne doit point se prêter. Vous êtes trop bien née, & vous avez trop d'esprit, pour ne point sentir les nuances qui séparent la véritable décence d'une pruderie affectée.

Je ne vous pardonne pas la confiance aveugle que vous avez en votre femme de chambre. Je la suppose d'un caractère unique, & je vous blâme encore de lui confier vos peines. Ne voyez vous pas que vous vous mettez dans le cas de dépendre d'elle ? Si elle s'autorisoit, par hazard, de la confiance que vous lui marquez, vous seriez bientôt son esclave.

esclave. Déja vous n'oseriez plus vous en défaire [vous me l'avez dit vous même] sans le consentement de votre mari. Vous ne pouvez vous dissimuler qu'elle n'ait aussi toute sa confiance. C'est donc la plus grande imprudence que vous puissiez faire, que de lui accorder la vôtre. On passe quelquefois sa vie à chercher dans le monde un ami digne de confiance; on voit, tous les jours, des gens de mérite même, abuser de ce titre par étourderie & par légéreté; & vous voulez trouver de l'amitié & de la sureté dans une classe où l'on ignore jusqu'au nom de principes. L'intérêt de ces sortes de gens est de vous servir & de vous nuire tour à tour, & leur seul but en vous flattant, est de fonder leur crédit & leur fortune ſur vôtre dépendance.

Je ne vous cacherai pas que je vous ai remarqué ſouvent beaucoup d'humeur. Si vôtre ſituation vous en donne, vôtre raiſon doit vous aider à la vaincre, ou du moins à la cacher. Ce ne ſera pas en bruſquant vôtre mari, en lui répondant avec aigreur, en lui faiſant de mauvaiſes plaiſanteries, que vous le ramenerez à vôtre façon de penſer. Repréſentez lui avec douceur ce que vous avez à lui dire. S'il n'eſt pas de vôtre avis, s'il s'obſtine dans le ſien, prenez le parti du ſilence. Plus il vous verra d'attention à reprimer vôtre humeur, plus vous le rapprocherez de vous. Voilà le cas où il faut céder & où vous ne ſçauriez avoir trop de complaiſance. Mais vous pourriez, je crois, ſans lui manquer, lui obéïr moins aveuglément dans d'autres occaſions. Il y a même telle déſobéïſſance qui vous rendroit reſpectable à ſes yeux, dût-elle vous attirer une querelle dans le moment. Par exemple, il vous défend de voir vôtre mere. Quels que ſoyent ſes torts avec lui, vous devez repréſenter que ce n'eſt pas à vous à les reſſentir. S'il perſiſte dans ſa volonté, vous devez déſobéïr. Le Public, ſans entrer dans vos raiſons, vous condamnera, ſi vous négligez votre mere; mais il ne vous reprochera jamais vos ſoins pour elle, & s'il connoit votre ſituation, il vous en fera même un mérite. Tant il eſt vrai qu'on a toujours raiſon,

quand

quand on remplit ſes devoirs.

Quant à l'intérieur de vôtre maiſon, à vôtre place je ne me mêlerois jamais des querelles qui ſurviennent entre votre mari & ſes parens. Ils ne ſçavent pas aſſez ce que vous valez pour avoir confiance en vous, & pour faire cas de vôtre avis. Pourquoi le donneriez-vous ? Cela ne ſert qu'à vous aigrir les uns contre les autres. Les paroles piquantes viennent au ſecours des mauvaiſes raiſons. Chacun finit par avoir tort ; mais le blâme en reſte à ceux qui doivent céder, & que leur raiſon devroit rendre ſupérieurs à ces miſéres.

En général, ma chere amie, je crois qu'il faut apporter à toutes vos démarches, même à celles qui vous paroiſſent les plus ſimples, plus d'atten-

tion

tion que vous n'en avez euë jusques à présent. Lorsqu'on est aussi sage & aussi sensé que vous, les choses indifférentes deviennent ordinairement les plus décisives pour la réputation. Ce n'est pas dans les occasions importantes que vous courrez risque de manquer. Il faut donc réfléchir aux différentes interprétations qu'on peut donner à nos discours & à nos actions, & surtout se guérir de l'envie de prêter des ridicules aux autres. Il faut sçavoir se taire quand on n'a pas le courage d'excuser ceux qu'on voit.

En tout, je parlerois peu, & pour m'accoutumer à réfléchir, j'examinerois souvent en moi-même la suite & l'issuë de telle conversation, l'effet qu'à produit telle démarche, les sources des tracasseries, les causes du bien du mal dans la ſocieté &c. Ces réfléxions vous ſerviroient de guides pour l'avenir. C'eſt auſſi le ſeul moyen, je crois, que vous puiſſiez employer avec ſuccès, pour gagner la confiance de vôtre mari, & delà s'enſuivra cette liberté que vous déſirez tant. Elle ne viendra pas en un jour, je vous en avertis; mais il ne faut pas ſe rebuter. Ce n'eſt qu'avec le tems que vous réuſſirez à vous rendre auſſi heureuſe que vous méritez de l'être, & que je le déſire. C'eſt en renonçant à mille frivolités, pour vous attacher à des occupations plus ſolides & plus dignes de vous, que vous commencerez l'ouvrage de vôtre bonheur, & j'oſe dire du mien, ſi je ſuis aſſez heureuſe pour y contribuer.

LET-

LETTRE DE M. DE G. A MAD. D....

En Fevrier 1756.

JE ſuis raſſuré ſur votre ſanté, Madame, vous même avez la bonté de me l'apprendre, & comme ſi la mienne en dépendoit, je me trouve délivré de tous maux. Après tout, que ſçavons-nous ? Je m'imagine que quand on aura étudié, encore quelques ſiécles, ſur la matiére éthe-rée, ſur l'électricité, ſur les ſympaties &c. Peut-être découvrira-t-on que nous tenons plus les uns aux autres que l'on ne croit, & à plus de diſtance que l'on ne penſe. Car pourquoi ces pressentimens, ces rêves, ces inquiétudes involontaires?... En attendant, Madame, notre médecine est ici fort à votre service, & M. *Tronchin* rassemblera toutes ses forces, à la premiére consultation que vous m'envoyerez.

L'article de votre santé mis une fois en sureté, Madame, je m'occupe de vous procurer quelque agrément, en vous envoyant les deux piéces que vous me demandez de M. *De Voltaire*. J'étois chez lui à *Morion* à douze lieuës d'ici, lorsque votre lettre m'est parvenuë. Mad. *Denis* en reçut une, par le même courier, de l'Abbé *Du Renel*, qui lui mandoit comme quoi ce petit Poëme sur la Religion naturelle avoit été lû chez Mad. *Perrinet de Jars*, par un M.

Mr. *Liebault*, & qu'il le tenoit de M. *d'Adhémar*. Elle me pria, pour ſupprimer à ſon oncle la lettre de M. l'Abbé *Du Renel*, de lui dire que je tenois ce recit d'une perſonne de mes amis à Paris, & voilà comme quoi auſſi ſon oncle lui a fait écrire la lettre ci-jointe, que je vous prie de mettre votre honneur à faire rendre ſecrettement. En échange de ce ſervice, je priai M. *De Voltaire* de me donner cette piéce; & voici ce qu'il répondit, ſoit à ma demande, ſoit au nouveau coup d'aiguillon que je lui donnai en lui envoyant la lettre de M. *Grimm*.

„Je vous renvoye, mon très cher „Coſmopolite, la lettre plaiſante „de M. *Grimm*; de quoi s'aviſe ce „Bohemien là, d'avoir plus d'eſprit

 „qu'on

„ qu'on n'en a à Paris ? A l'égard „ de mon Sermon dont il parle : „ c'eſt une œuvre pie aſſez ancien„ ne, que des gens très indiſcrets ont „ fort défigurée. Je vous prie d'in„ téreſſer la dévotion de M. *Grimm* „ à brûler ce Sermon, dont les mal„ intentionnez pourroient abuſer. Je „ vous enverrai, ou vous porterai „ bien-tôt le véritable.

Je reçois dans ce moment une autre lettre de lui, il me dit, je ſuis ſur le point de vous porter, ou de vous envoyer le catéchiſme de la Religion naturelle.

Voilà, Madame, où j'en ſuis, je ne perdrai point de tems à vous envoyer ce que je recevrai.

On a reçu ici une lettre de Londres, par laquelle on dit affirmativement

vement qu'il y a eu le 16. de ce mois un Traité ſigné entre les Rois d'Angleterre & de Pruſſe, Traité intitulé, d'amitié & de garantie reſpective pour les Etats d'Allemagne; par où donc nous y prendre?

M. *Rouſſeau* a bien écrit à M. *Tronchin*, mais pas un mot de ſon mal: Lettre de pur compliment. Il ſent qu'on ne peut refaire un nouvel organe, & qu'il ne peut recevoir de M. *Tronchin* qu'un régime, qu'il n'a pas intention peut-être de ſuivre trop réligieuſement.

Mon retour à Paris, & mon penchant croiſé par conſéquent, eſt différé par la néceſſité de me trouver au premier de May en Valais.

L'Ours Trois eſt à vos pieds, Madame, comme un Bichon. M. *le*

Lettré

Lettré ne me veuillez point de mal. Mademoiſelle, je vous ſaluë. M. *Sebaſtien Perce-oreille*, vous aurez ma réponſe avant peu ; vos duretés me pourſuivent donc juſques dans le ſein de l'indépendance ? Malgré cela, cependant je vous aime, impitoyable ami.

RE-

REPONSE DE MADAME D'*** A M. DE G......

En Fevrier 1756.

OH! bon Dieu, *Ours Trois*, la matiére étherée, l'électricité, ce ſont tous mots que je révére, à l'uſage de tous vous autres philoſophes; mais n'en parlons pas. La ſympathie eſt d'un ſtile un peu plus humain; & ſans en approfondir la cauſe, je me mêle de l'admettre, par le rapport que je me trouve avec les gens que j'aime. Vous appellerez cela, d'ailleurs, tout comme il vous plaira. Je ſuis fort aiſe que le rétabliſſement de ma ſanté ait influé ſur la vôtre; de toutes les chimères, celle-là eſt ma favorite; mais que M. *Tronchin* ſe preſſe de le rendre ſolide, ce rétabliſſement; ſans cela gare la ſciatique. Je crierois bien pour vous d'ici, mais vous ſouffririez pour moi là bas, & votre rôle ne ſeroit pas ſi plaiſant que le mien. L'intérêt que je prens à votre ſanté, doit au moins vous répondre de ma docilité, dont il me paroit que vous êtes en peine.

J'ai fait le ſacrifice du caffé. Qu'avez-vous à dire? Cela ne répond-il pas à tout? Rien, certainement, ne me coûtera après cela. Je ne conçois pas trop l'ordre que vous me donnez, dans votre précédente lettre, de la part de mon Eſculape, & que

que vous qualifiez de régime, d'abſtinence. Il m'a fait rire, il faut que j'en convienne ; mais machinalement, comme une eſpece d'imbecille, qui rit quand elle voit rire, ſans trop ſavoir pourquoi. Vous pouvez, au ſurplus, m'écrire tous deux très librement ; perſonne n'ouvre ni ne lit mes lettres ſans ma permiſſion. Ma deviſe eſt *la liberté*. Tout ce qui auroit l'air de dépendance, bouleverſeroit ſi fort ma pauvre machine, que tous les ſoins de M. *Tronchin* ſeroient en pure perte. Je ſuis faite ainſi. C'eſt un défaut, j'en conviens. Vraiment, j'en ai bien d'autres, mais je ſuis trop vieille pour me corriger, & peut-être trop jeune pour les avouer. Si vous en avez été la dupe, juſqu'à

 pré-

préſent, ſoyez-le encore; je m'en trouve bien.

J'attends avec impatience le catéchiſme *De Voltaire*, que vous me promettez. J'eſpere que vous pourrez y joindre ſa derniére piéce ſur les malheurs de Lisbonne. J'ai rendu ſa lettre à *Liebault*, qui la fera tenir à M. *d'Adhémar*. Je puis tétémoigner, que ce premier a été de la plus ſévére exactitude à ne point donner copie du poëme. C'eſt une juſtice que je me crois obligée de lui rendre auprès de vous, qui la ferez paſſer à M. *De Voltaire*. Je ſçais même beaucoup de gens devant qui il a refuſé de le débiter.

Le *Bohemien* a mal aux yeux; l'*Ours premier* a la colique. La *Petite joye* vous fait mille complimens; l'Hôte l'Hôte du moulin joly, me demande ſouvent de vos nouvelles. Mon fils *le Lettré* ne veut pas que je me mêle de ſes affaires auprès de vous. Mes commiſſions ſont faites. Je vous baiſe les mains, & vous demande de vos nouvelles. Cela a l'air d'un refrein. Ce n'eſt pourtant pas une chanſon; car rien n'eſt ſi vrai que mon attachement pour vous. Faites mention de moi auprès de nos quatre-vingt-trois couſins. Vous ſçaurez mieux que moi tout ce qu'il faut leurs dire.

LETTRE DE M. TRONCHIN A MAD. D***.

En Juillet 1756.

J'Ai reçû vos deux lettres, ma bonne amie, du 19. & du 28. c'eſt-à-dire, que j'ai eu deux momens délicieux, qui auroient été dans le gout de ceux du Paradis, ſi vous êtiez auſſi contente que vous méritez de l'être. Le ſentiment du chagrin n'eſt plus à vous ſeule, je le partage avec vous, ma bonne amie, & je le partagerai toute ma vie; prenez en donc, ſi vous avez quelque bonté pour moi, le moins qu'il vous

vous ſera poſſible. Vous êtes plus faite que perſonne pour jouïr de la tranquillité d'ame qui eſt le fruit de la ſageſſe; & à quoi ſerviroit la ſageſſe ſans ce fruit ? Elle ne ſeroit plus qu'une décoration, j'oſe vous le dire, parce que vous pouvez l'entendre. Etendez, ma bonne amie, le domaine de votre phyloſophie, le vrai bonheur y eſt renfermé, tout ce qui eſt au-delà n'eſt que vains déſirs, ſoucis & peines. Que l'exemple des autres hommes, que notre propre expérience viennent au ſecours de notre raiſon; la premiére vérité ſera que notre bonheur n'eſt qu'en nous mêmes, & qu'il s'affoiblit de l'appui que ce qui eſt au dehors lui prête: or comme la cupidité & l'orgueil le rendent le plus dépendant,

dant, réduisons nos besoins, & n'ayons point de prétentions. Voilà en deux mots l'itineraire du bonheur & de la sagesse. Je vous envoye une lettre pour Mad. de M**, l'autre seroit inutile. Je vous embrasse, ma chere amie, comme la personne du monde que j'aime, & que j'estime le plus; mille tendres amitiés à l'Hermite; le Baron est à la campagne.

RE-

REPONSE DE MADAME D*** A M. TRONCHIN.

En Juillet 1756.

J'y ai bien regardé, mon bon ami; j'ai de la philoſophie tout ce que j'en puis avoir, & n'en aurai, ni n'en veux avoir d'avantage. Ne me me croyez cependant pas rebelle à la vôtre, je l'adopte toute entiére, mais elle ne remédie à rien. *La premiére vérité*, dites-vous, *c'eſt que notre bonheur n'eſt qu'en nous-mêmes, & qu'il s'affoiblit de l'appui, que ce qui eſt au dehors lui prête. Reduiſons*

nos

nos besoins, ajoutez-vous, *& n'ayons point de prétentions, voilà en deux mots l'itinéraire du bonheur & de la sagesse &c.* De la sagesse, oui; du bonheur, non. Je ne ferai jamais dépendre le mien, ni des injustices, ni des préjugés des autres; & pour cela, je réduirai mes besoins, & je n'aurai pas de prétentions: mais ma tranquillité n'en sera pas tout-à-fait assurée, ni entiérement indépendante de moi, puisqu'il m'est impossible de renoncer à aimer tendrement quelques-uns de mes semblables, ni à une certaine aménité & bienveillance pour les hommes en général. Je ne puis pas même me flatter d'être indifférente à l'égard de l'injuste ou du méchant; il trouble sans doute l'ordre général; mais il est né ce qu'il qu'il eſt, & ſa maniére d'être n'étant pas plus libre que la mienne, le moyen de m'irriter contre lui? Mais comment auſſi m'empêcherai-je de le plaindre? Or ſi je ne puis garder mon équilibre à l'égard du méchant, que deviendrai-je à l'égard de l'homme de bien dont la cauſe eſt la mienne? Il me ſemble qu'il ne peut lui arriver rien d'heureux, ou de malheureux qui ne me touche de près.

Ajoutez à cet intérêt général, cette ſympathie ou cet inſtinct particulier, qui rapproche ſans ceſſe dans la nature tout ce qui eſt analogue; l'amitié, enfin, le ſeul reméde que nous ayons reçu contre tant de maux. Comment pourrois-je en goûter les douceurs, & reſter indépendante de tout autre être que de moi? Comment pourrois-je être aussi sensible que je le suis à la lettre que vous m'avez écrite, à celle que vous m'avez envoyée pour Madame de M***, aux marques d'amitié & d'intérêt que vous me donnez dans cette occasion, sans risquer de vous rendre l'arbitre de mon repos & de mon bonheur? Pourrois-je jouïr de la tranquillité que vous me prescrivez, si je vous sçavois dans une situation fâcheuse? Cela n'est pas possible. *Nos chagrins*, vous l'avez dit, *ne sont plus à nous, ils sont à nos amis.* Mon ami, nous nous consolons plus vîte de nos propres malheurs, que des maux de ceux que nous aimons. Enfin, nous sommes sensibles; & le moyen de l'être sans exposer sa tran-

tranquillité ? Il s'agit ſeulement de tirer de ſa maniére d'être le meilleur parti poſſible ; c'eſt où je borne ma philoſophie ; elle m'apprend à aimer & à honorer mes amis, à être heureuſe de leur bonheur, à déſirer vivement qu'ils ne me donnent jamais de chagrin, à me déſoler, s'ils ne ſont pas auſſi heureux qu'ils le méritent. Je ne mettrai pas mon bonheur dans les avantages de la fortune, ni dans toutes ces choſes extérieures & étrangéres à notre bien être, & dépendantes du hazard qui régle tout ſans conſulter nos fantaiſies. Si j'y ſuis indifférente, ce n'eſt pas que je veuille y être inſenſible, c'eſt parce que rien de tout cela ne me rendant heureuſe, la privation ne m'en peut pas paroitre inſuportable.

Voilà ma philoſophie. Dites-moi, mon bon ami, & mon maitre, ſi vous en êtes content, vous êtes le médecin de mon corps & de mon ame. Je ſuis perſuadée que nous ne pouvons penſer différemment ſur tout ce qui eſt eſſentiel à l'homme.

Après avoir philoſophé, mon bon ami, revenons un peu au phyſique, ma ſanté eſt bonne; mais j'ai failli la culbuter à force de fatigues. La prudence m'a manqué un quart d'heure. Vous ſçavez qu'il n'en faut pas plus pour détruire une machine auſſi frêle; mais j'ai échappé au danger. De tems en tems encore la migraine, & tout eſt dit.

Je vous rends donc mille graces de votre lettre à Mad. la Comteſſe de M**. Le Chev. de J**, s'eſt chargé de de la lui rendre, je ne l'ai pas vû depuis. Mad. de M** ayant appris par le Chevalier l'intérêt que vous prenez à moi, avoit agi avant votre lettre avec beaucoup de bonté. J'en ſuis d'autant plus touchée, que ſon état, après la mort de ſon frére, ſembloit la diſpenſer de toute ſorte d'intérêt étranger. Il n'y a encore rien de décidé ſur mon affaire; mais je ſuis tranquille. Adieu, mon très cher & très bon ami; je vous écris, je reçois de vos nouvelles, je parle de vous, j'y penſe, & vous croyez que tout cela ſe paſſe avec la même tranquillité que vous m'avez vuë, lorſque je me ſuis préſentée à l'inoculation. En vérité, cela n'eſt pas poſſible.

Donnés moi des nouvelles de Mr. votre fils.

SE-

SECONDE LETTRE DE M. TRONCHIN A MAD. D***.

En Août 1756.

J'Avois besoin de votre lettre, ma bonne amie. L'amitié, ainsi que l'athléte, doit être nourrie, tous deux à raison de leur force, & ce n'est pas du besoin seul dont il s'agit. Les agrémens de l'amitié sont infinis, ils adoucissent le mal physique, & tempérent le mal moral. Votre amitié me console de l'infidélité des hommes, & votre tendresse toujours la même, me fait oublier leur légéreté. Jugez par l'usage que

que j'en fais du prix que j'y attache, y en mettez-vous d'avantage? Je veux, il eſt vrai, qu'on l'éclaire du flambeau de la raiſon, ſans lui elle ſe perd dans la foule des fantaiſies & des gouts, que l'on prend ſi ſouvent pour elle. Nous penſons de même, ma bonne amie, & s'il en étoit autrement, qui y perdroit plus que vous; celle qui a le plus de droits ſur la raiſon, doit en être la plus jalouſe. Il eſt donc vrai, en général, que l'on perd en raiſon ce que l'on gagne en ſentiment, & ce n'eſt point parce que le ſentiment eſt incompatible avec la raiſon, mais c'eſt par ce que la raiſon éxige de la force, & que le ſentiment s'allie avec la foibleſſe, nous craignons la peine, l'eſprit la craint autant que le cœur. Ce mélange du ſentiment & de la raiſon n'eſt donc pas aiſé, notre foibleſſe s'y oppoſe, de là vient que nous aimons trop, ou, que nous n'aimons pas aſſez. Le tarif de nos affections n'eſt pas en ordre, & dans le trouble qui en réſulte, nous croyons devoir nous attacher pour toujours à ce qui, peut-être, ne ſera à nous que pour un moment; de-là nos ſoupirs, nos plaintes, & nos murmures. L'amitié du ſage en eſt à l'abri, elle ne l'attache aux objets que dans le rapport qu'ils ont avec lui, il fait que chaque choſe eſt ce qu'elle eſt, & non ce qu'il voudroit qu'elle fut, des deſirs ſans fin, des affections ſans bornes, ne ſont point faites pour un être qui eſt dans un point & dont la durée n'eſt qu'un

point,

point, & en retranchant ainſi de l'idée du bonheur tout ce qui peut être & ne pas être, il ne trouve au fond que la vertu, & il voit que les accidens qui la décorent, & les douceurs qui l'accompagnent, ne ſe doivent point confondre avec elle, il ne prend point les couleurs qu'il voit ſur la bule d'eau pour l'eau même, ni tous les agréments que l'amitié ajoute au bonheur, pour le bonheur même. Si la mort lui enleve un ami, il ſait qu'il doit bientôt le ſuivre, & que c'eſt à ce prix & ſous cette condition qu'il a dû l'aimer. Si l'inconſtance le lui fait perdre, il apprend qu'il l'a plus aimé qu'il ne méritoit de l'être, pourquoi s'eſt-il trop attaché à ce qu'il pouvoit aiſément perdre. Il s'étoit trompé: mais d'où vient cette erreur, ma bonne amie, je vous l'ai déjà dit, le tarif n'étoit pas en ordre; on n'aime pas comme on doit aimer. Si l'ami est dans la souffrance, il apprécie sa douleur: si elle est réelle, il le plaint & il le soulage, mais jamais ne se désespére. C'est ici où il y a le plus à rabattre; la somme des vrais malheurs est plus petite qu'on ne pense, je n'ose pas vous dire à quoi je la réduis, de crainte de vous ennuyer, je barboüillerois peut-être la page & demie qui me reste, j'en barboüillerois douze sur ce que vous me dites, que *vous vous désoleriez si vos amis n'étoient pas aussi heureux qu'ils le méritent.* Que direz-vous de moi, ma bonne amie? en conclurez-vous que j'ai le cœur dûr, &

& que je ſuis indigne de vôtre amitié : non, vous lirez deux fois ma lettre, vous n'y trouverés que l'explication de mon *Itinéraire*, dont le ſommaire eſt que pour être heureux, il ne faut avoir que des prétentions qui s'accordent avec la nature des choſes, & avec les rapports vrais, mais non pas ſuppoſés, qui ſont entr'elles & nous. Si je ſuis dans l'erreur, ma bonne amie, redreſſés-moi, vous avez de l'amitié pour moi, il y va de mon bien être, & toute l'allure de mon cœur en dépend.

Comment ſe portent nos trois amis, vous n'en dites rien, vous en avez deux avec vous, le troiſiéme papillonne peut-être dans la ruë St. Honoré. L'ami *Gauffecourt* a mandé qu'il partoit pour *Epinay*, & le

Sage eſt dans ſon hermitage. Dites leur à tous bien des choſes vrayes & tendres, embraſſez pour moi le Lettré & ſa charmante ſœur. On me mande de Meudon par une lettre du 18. Juillet qu'on s'intéreſſe fort à vous, & qu'on attend la réponſe, d'un certain Intendant, au Controlleur-général. Bon jour, ma bonne Amie.

RE-

REPONSE DE MADAME D*** A M. TRONCHIN.

En Août 1756.

VOtre lettre du 3. de ce mois, mon cher bon ami, ma fait un plaisir inexprimable. Je la porte partout avec moi, je la relis sans cesse, & la trouve toujours plus belle. Non vraiment, vous n'errez pas. Voilà certainement, comme on devroit être. Il n'y a pas le plus petit mot à dire au plan de bonheur que vous tracez à l'homme. Mais vous le croyez possible à suivre dans toute son étenduë, par tous ceux

qui

qui en ſentiront la beauté & les avantages ; voilà, mon cher bon ami, le ſeul point ſur lequel je ne ſçaurois être d'accord avec vous. Je conviens que quoique l'homme ne ſoit pas libre, ſon ame eſt ſuſceptible de modification ; mais cette modification a des bornes proportionnées aux qualités eſſentielles ; d'où dérive ſa maniére d'être. Que fera donc la raiſon dans une tête très bien faite, jointe à une ame très ſenſible ? Elle tempérera les paſſions ; mais ne les détruira pas. Elle donnera à l'homme la force de fuir ; mais s'il eſt arrêté dans ſa fuite par cette chaîne d'événemens, qu'il ne ſçauroit ni prévoir, ni prévenir, ni éviter, ſa raiſon ne l'empêchera pas toujours de ſuccomber.

Vous

Vous n'oſeriez me répondre, lors que je dis *que je me déſolerois ſi mes amis n'étoient pas auſſi heureux qu'ils le méritent*, & vous êtes en peine de ce que je penſerois de vous. Je vous en aimerois & vous en eſtimerois ſans doute davantage. Vous me diriez, j'en ſuis sûre, tout ce que je dis à mes amis, quand je les vois s'affliger pour moi, & nous finirions par pleurer enſemble, bien moins de nos peines, que du bonheur de nous être chers. Oui, mon bon ami; car vous êtes ſenſible quoique vous en diſiez, la différence n'eſt pas grande entre nous, j'en ſuis certaine, notre amitié réciproque m'en feroit une preuve ſi j'en avois beſoin. Dès notre ſeconde entrevuë, j'ai admiré vôtre eſprit & vôtre éloquence, je vous eſtimois alors ſans vous aimer; mais peu de jours après, j'ai jugé votre cœur, & l'ai trouvé analogue au mien, dans une converſation que j'eus avec vous ſur vos enfans. Tout me confirme depuis dans la haute idée que j'ai priſe de vous, & dans les ſentimens tendres & invariables que vous m'avez inſpirés.

Nos trois amis ſont aſſez aſſidus ici, j'en ai un quatriéme qui ſeroit bien digne d'être des vôtres. C'eſt M. *Deſmahis*. Tous quatre enfin me chargent pour vous de mille tendres complimens. Nous avons tous été vous les porter Lundi chez *La Tour*. Vous aviez bien l'air de nous écouter, mais vous ne nous entendiez pas. En vérité, rien n'eſt ſi ſingulier que votre portrait. Il fait illuſion à

un

un point qui ne peut ſe concevoir.

M. le *Lettré* & ſa ſœur ſont bien ſenſibles à vôtre ſouvenir. Ils vous préſentent leurs hommages. La Gouvernante qui a ſa bonne part à vos miracles, puiſqu'elle eſt dans la meilleure ſanté du monde, me perſécute depuis longtems, pour que je vous parle de ſa reconnoiſſance.

Donnez-moi ſouvent de vos nouvelles, mon bon ami. Les marques de vôtre ſouvenir & de vôtre amitié, me font toûjours un nouveau plaiſir, & ſont néceſſaires à mon ame.

LETTRE A M. TRONCHIN.

En Octobre 1756.

JE venois de vous écrire, mon cher bon ami, quand j'ai reçu vôtre lettre, la mienne étoit partie, & je prends la chose à profit pour vous en écrire une seconde. Ce sont en vérité, les plus doux momens de ma vie, que ceux que je passe à causer avec vous. Il n'est pas possible que vous n'ayez aussi un peu de plaisir à m'écrire, & je me plains amèrement des affaires qui vous en empêchent.

Je vous parlois dans ma derniére

de

de vos miracles. C'en eſt vraiment un beau que celui que vous m'annoncez, & que vous avez operé envers le chantre d'Henry IV. Perſonne ne croit plus en vous que moi. Malgré cela, j'avouë que je n'ai point foi à la ſageſſe de votre grand Hermitte. Il me faudra même du tems pour me convaincre, & ſur ce fait, je ſuis incrédule au point d'imaginer que ce ſont peut-être les occaſions qui lui manquent. Je ſuis bien aiſe qu'il ait été content de la lettre de mon *Ours*. Courage, mon cher ami, ne nous rebutons point, amuſons nos deux enfans & conduiſons-les par la main.

Vous me demandez des nouvelles d'une affaire à laquelle je ne prends plus de part depuis longtems.

Je ſçais ſeulement qu'elle n'eſt point terminée. Le réſultat m'en eſt devenu parfaitement égal. Voilà bien une preuve, mon cher bon ami, que l'amour propre ſe mêle de nos affaires, beaucoup plus qu'il ne devroit. Encore s'il étoit toûjours bien entendu, ce ne ſeroit que demi mal: mais c'eſt le ſophiſte le plus adroit & le plus dangereux!... Je le connois, il m'a parlé, & je ne l'ai pas toujours fait taire. Mon dieu, mon bon ami, que j'ai de défauts, quand j'y regarde de près. Il faut un jour que je vous les diſe tous, afin que vous m'aidiez à m'en corriger.

Il y a fort longtems que je n'ai vû nôtre petite amie. Il faut qu'elle ſe porte bien; car dès qu'elle eſt

mala-

malade, elle vient me consulter comme votre substitut.

Nos quatre amis me chargent de mille tendres complimens pour vous. Pour moi qui n'en suis pas là avec vous, je vous demande de vos nouvelles, & vous embrasse de tout mon cœur.

LET-

LETTRE A M. TRONCHIN.

En Octobre 1756.

JE ſuis raſſurée, mon cher bon ami, ſur l'état de mon fils, il en a été quitte pour quatre accès de fiévre, auxquels nous n'avons apportés d'autres remèdes, qu'une diette modérée, & beaucoup d'exercice. Quant à moi, je me porte à merveille; & lorſqu'il m'arrive de me réveiller ſans ſouffrir, ma premiére oraiſon s'adreſſe à vous, à qui je dois cet heureux changement. Je viens cauſer avec vous, vous renouveller mes hommages & reprendre mes diſpu-

diſputes; car il en faut toûjours un peu. Je relis ſouvent vos lettres, mon bon ami; ce n'eſt jamais ſans un nouveau plaiſir. La derniére que je reçois me rappelle toûjours les autres, & pour peu que vous continuiez à augmenter ce recüeil, il deviendra pour moi un objet d'études. Vous l'appellerez l'*Itinéraire du bonheur*; moi, j'en ferai *le bréviaire de l'amitié*. Vous m'en avez écrite une dans laquelle vous me dites d'un de vos fils, qu'*il étoit né plus ſenſible que raiſonnable*, *je l'ai rendu*, ajoutez-vous, *plus raiſonnable que ſenſible; je fais un eſſai où il ne riſque rien.* Il faudroit, mon bon ami, vous faire deux mille queſtions, m'enfermer deux ans, méditer jour & nuit vos réponſes, & faire un traité d'après nos réfléxions; mais

mais en deux mots, M. vôtre Fils eſt-il né ſenſible? Quelle ſource de bonheur, de ſatisfaction, & de jouiſſance que la ſenſibilité! A ſon âge elle embellit tout: *il eſt heureux*, dites-vous encore, vraiment je le crois bien, il n'eſt pas difficile d'être raiſonnable, lorſqu'on eſt heureux auprès d'un pére, que tant de raiſons rendent cher & reſpectable; mais lorſque jetté dans un monde inconnu & nouveau, on a perdu ſes appuis & qu'on exiſte par ſoi-même, la ſenſibilité jouë bientôt un autre rôle, le cœur s'affecte alors de tout, il craint tout, & deux ou trois revers peu conſidérables, ſuffiſent pour détruire cette illuſion, & ſur-tout cette confiance, ſans laquelle il n'y a point de bonheur. Ce qui arrive com-

communément, c'eſt que notre ſenſibilité s'uſe à force de s'exercer; mais c'eſt encore l'ouvrage du malheur, & non de la raiſon, & l'on n'en peut ſçavoir gré ni à l'un ni à l'autre. Je ne confond pas la ſenſibilité, [c'eſt-à-dire l'habitude de ſentir vivement, mais d'une maniére plus douce & plus touchante qu'impétueuſe] avec le feu des paſſions qui peuvent lui reſſembler, & avoir des effets très violents. La raiſon peut ſans doute beaucoup ſur les paſſions. Elle nous apprend à nous modérer, à dompter nos déſirs, à fuïr les occaſions; mais qu'eſt-ce qu'on apprend à un cœur ſenſible? Rien, en vérité, rien mon bon ami. Empêcherez-vous une onde pure & tranquille de s'agiter, lorſque j'y aurai

 jetté

jetté la plus petite pierre? Ce ne sera donc que sur les passions que j'accorderai du pouvoir à l'éducation, mais à l'éducation de Geneve, & non à celle de Paris. L'éducation tient au caractère d'un peuple, à sa forme de gouvernement.... Voyez-vous où je vais? Je m'arrêtte tout court, pour vous faire observer que malheureusement à Paris, l'éducation, ne sçauroit être que mauvaise. Il lui faut des exemples. Leur impression est toujours sûre sur une ame bien née. Où les prendra-t-elle dans un pays où les mœurs ne sont presque plus comptées? Je dirai bien à mon fils qu'il est d'un homme vil de mal remplir les devoirs de son état; mais il verra tous les jours le contraire. Je lui dirai qu'on n'a droit à sa propre

pre estime & à la considération publique, qu'autant qu'on est utile à ses concitoyens, & que pour y réussir, le vrai moyen est de se mettre en état de rendre des services à l'Etat, ou à sa patrie. Je l'entends me demander ce que c'est que citoyen & patrie? Je me garderai bien de l'envoyer faire cette question dans le monde. On lui riroit au nez, ou on lui diroit qu'en France il n'y a jamais eu & ne peut y avoir ni l'un ni l'autre. Voilà cependant les deux grands objets qui doivent émouvoir les hommes, & sans ces deux mobiles il ne reste que la superstition, ou de petites passions vicieuses & insipides.

Je n'ai fait qu'entrevoir le monde & assez tard, mon bon ami; il n'a pas eu le tems de m'ennuyer.

Sçavez-vous pourquoi? C'eſt que je ſuis très ſenſible, & qu'ayant eu en peu de tems beaucoup d'occaſions de m'en convaincre, le charme en a été plutôt rompû. Mais faites débuter à Paris une ame ſenſible & honnête, elle réſiſtera peut-être au torrent & ſauvera ſa vertu du naufrage; mais elle n'évitera pas le malheur. Son cœur flétri par les chagrins, ſera dans les ténébres le reſte de ſes jours. De tous ceux qui valent la peine qu'on les remarque, je n'en ai pas vû un ſeul parvenir à trente ans, ſans être attaqué de ce mal qu'on nomme miſantropie.

J'en étois là lorſque j'ai reçu votre lettre du onze. J'ai l'air, par le dernier article, de vous donner des armes contre mon ſyſtême. Oui certainetainement, ces cœurs ſenſibles ſont ſouvent malheureux; ils le ſont d'autant plus que je ne connois point de remèdes à leurs maux, juſqu'à-ce qu'ils habitent un monde qui ne ſoit composé que d'honnêtes gens, & qu'ils ſoient tous exempts des misères attachées à l'humanité.

Je ſuis bien touchée de vos ſentimens pour moi. En vérité je les mérite bien. Vous voyez que malgré votre théorie, & mes opinions, nos ſentimens plus forts que tous les ſyſtêmes, nous uniſſent ſous les heureuſes loix de l'amitié. Je vous aime bien, mon cher bon ami, avec votre théorie, je la combats & elle me plait. Vous me paſſez à votre tour mes petits ſyſtêmes. Ils vous cauſent de tems en tems un ſoûrire

rire de compaſſion, & tout va bien.

Pour *Deſmahis*, je ne prends pas garde à ſon ramage. Comme les ſons en ſont agréables, je lui permets de chanter tour à tour la raiſon, l'amour, la folie, l'amitié, le bonheur & le malheur des mortels. Soyons contens de nous-mêmes. Un cœur exempt de remords & de reproches, ne ſçauroit être tout-à-fait malheureux. Et voilà le point commun où tous les honnêtes gens ſe réuniſſent, malgré la diverſité de leurs ſyſtêmes, de leurs chimères, de leurs châteaux de cartes. Ne ſoufflez pas ſur le mien ſans miſéricorde, c'eſt une machine frêle, je le ſçais; & je ſçais encore combien votre château eſt ſolide & inébranlable.

LETTRE

DE MAD. D**. à M. DE ST. L**.

En 1756.

RIen n'eſt ſi vrai, Monſieur; vous me manquez beaucoup, je m'en apperçois tous les jours davantage; & pour ſurcroit de malheurs tous ceux à qui j'adreſſe mes plaintes ſur la longue abſence que vous devez faire, m'aſſurent qu'elle ne finira pas encore au terme que vous y avez mis. On veut me perſuader qu'il ne faut pas compter ſur vôtre retour avant le mois de Septembre. Je trouve tout ſimple que le Roi de Pologne veuille vous garder; mais

 pré-

préparez-vous donc à recevoir nos lamentations, nos élégies, nos romances. Chacun de nous vous dira dans ſon ſtyle, que quand on vous a vû, on ne s'accoutume point à ne vous plus voir.

Nous allons demain à la campagne paſſer les jours gras & prendre congé de cet *Epinay* que vous aimez, & où l'on vous aime tant. Que deviendront nos Académies, qui dormira, qui joüera aux échecs pendant la muſique, & la promenade? Hélas, nos beaux jours ſont finis! Voici comme nous nous propoſons de paſſer ceux qui nous attendent. Nous ne ſerons de fondation que *la Parfaite*, *les deux Ours*, & une certaine *Tête-de-paille*, dont la bonne humeur n'eſt jamais alterée. Nous

admet-

admettons quelques Dineurs ; mais comme il ne faut point perdre de vuë ſon plan de philoſophie, je veux que chaque jour nous préſente un tableau abrégé de la vie humaine. Le matin qui nous peint l'enfance, je l'emploirai, quand à moi, à débiter des riens à mes amis abſens, comme vous voyez que j'en agis aujourd'hui avec vous. Le midi qui eſt l'heure où toute la nature eſt la plus brillante & la plus animée, peut rendre l'adoleſcenſe. La gourmandiſe étant la ſeule paſſion dont un malade ſoit ſuſceptible, je pourrai me flatter de remplir très exactement ma comparaiſon. L'après diné ſera reſervée à mes travaux philoſophiques & aux lettres de ſentiment; c'eſt l'heure où je me propoſe de vous écrire le plus ſouvent. Ces occupations ſeront quelquefois interrompuës par des converſations ou lectures en commun, toutes rélatives à l'âge mûr, que cette partie de la journée repréſente. Le ſoir enfin, qui m'annonce que le jour va finir, & que je finirai comme lui, j'aime à le paſſer dans les bras de l'amitié, je me livre alors à la confiance, & à toutes les impreſſions douces qu'elle m'inſpire. Je dépoſe dans le ſein de mes amis, mes peines, mes projets, mes eſpérances, & mes plaiſirs. Je partage auſſi leurs chagrins, & je les conſole quelques fois de ceux que mes intérêts leur cauſent. En un mot, je finirai chaque jour comme je voudrois finir ma vie, avec le contentement que

laiſſe

laiſſe toujours dans l'ame une conduite honnête, & avec le chagrin mortel d'avoir à me ſéparer de ceux que j'aime: Jugez, Monſieur, combien vous manquerez à nos ſoirées ſur-tout.

Les *Ours* me chargent de vous faire mille tendres complimens de leur part. L'*Ours* par excellence, s'eſt fait arracher une dent. Si c'étoit celle qu'il a contre le genre-humain!

Il n'y a pas juſqu'au *Perroquet* qui eſt inconſolable de vôtre abſence. Il dit que vous avez de l'eſprit, il vous prie d'y joindre la mémoire, & de ne point oublier ſon Dictionnaire Anglois.

Voilà la ſeconde feuille. Il n'y a rien d'intéreſſant cette ſemaine.

On vous envoye tous les Poëmes

possibles, ainsi je ne vous envoye rien. Je n'ai que de ce matin la permission de les donner.

Je n'ai rien fait depuis vôtre départ, qui vaille la peine de vous être envoyé, ou du moins qui soit assez fait; je vous demande d'avance indulgence, & sévérité pour mon premier paquet.

Ma santé est assez bonne. Et la vôtre? Dites-m'en un mot, je vous prie; vous connoissez, Monsieur, l'intérêt vif que j'y prens.

LET-

LETTRE DE MAD. D**. à M. DE ST. L**.

En 1756.

VOus n'avez jamais ſi mal fait, Monſieur, de quitter Paris, que dans ce moment-ci. M. *Tronchin* y eſt pour ſix ſemaines, je l'ai vû, & à l'heure que je vous parle, je vais le voir encore, & je me porte bien. Il a entrepris tout *mon Samedi*, il nous a parlé, il nous a tous rendu dociles, & nous allons tous être guéris. Vous le ſeriez auſſi ſi vous êtiez des nôtres. On ne ſçait ce qu'il vient faire à Paris, ſon voyage a été ſi ſécret, qu'on ignore encore

core à Geneve où il eſt. Il eſt reſté caché quinze jours, ce n'eſt que de Samedi que nous l'avons découvert. Je ſoupçonne qu'il eſt venu pour inoculer le D. de *Chartres*; car on le dit malade depuis deux jours, on ne ſçait ce qu'il a, & c'eſt M. *Tronchin* qui le voit. Si vous en êtes curieux, je vous manderai ce que j'en découvrirai.

On parle ici bien diverſement de l'accident du Controlleur-général: Pluſieurs ont dit qu'il avoit une fauſſe attaque d'apoplexie; & d'autres, que la tête lui a tourné. Il eſt à *St. Ouen*, tout le monde aſſure qu'on lui a fait dire de donner ſa démiſſion; je l'ai vû hier lui & les ſiens, il a l'air de ſe très bien porter, il eſt fort gai; mais les femmes ſont

triſtes,

triſtes, & beaucoup plus affables & plus prévenantes qu'à l'ordinaire, d'où je conclus qu'en effet leur poſition eſt fâcheuſe.

Je vous remercie de la jolie petite lettre que vous m'avez écrite, & je vous gronde des excuſes que vous me faites de ne m'avoir point écrit plutôt. Eſt-ce qu'on compte avec ſes amis? J'ai ſçu de vos nouvelles, & cela m'a fait attendre tranquillement les marques de votre ſouvenir & de votre amitié, qui me font toujours un nouveau plaiſir.

Il y a ſi longtems que je ne vous ai rabaché, qu'en vérité il m'en prend envie. Vous ſçaurez donc que je vous envoye un plan aſſez mal fait, qu'il faut que vous m'aidiez à rendre bon. C'eſt celui d'une lettre ſur l'humanité. Cette matiére eſt très difficile à traiter en lettre ; car on eſt toujours tenté d'en faire un traité; il faut faire pleurer, ou cela ne vaudra rien. Voyez d'abord ſi toutes mes idées ſont bien juſtes, & ſi la marche de la lettre, ou plutôt ſi l'ordre en eſt bon. Je vous en enverrai une autre, qui eſt faite, ſur l'entêtement & la foibleſſe, mais elle n'a pû être copiée pour cet ordinaire.

Oh, voici où commence le véritable rabachage. Depuis mon retour de la campagne, c'eſt-à-dire, depuis Vendredi, j'ai ma fille avec moi toute la journée. Elle prend toutes ſes leçons en ma préſence; elle a des maîtres à chanter, à danſer & à écrire.

Elle a beaucoup de mémoire, elle ne l'a exercée juſqu'à préſent que ſur le le catéchisme, ou sur quelques fables de la Fontaine. Je voudrois que vous me dissiez sur quoi je dois d'orénavant l'exercer de préférence. Voici mon systême que je soumets à vos lumiéres. Je ne voudrois pas abuser des fables de la Fontaine, quelques simples & quelques naïves qu'elles puissent être, les enfans ne les entendent pas. Ils s'accoutument à les dire comme des perroquets, & dans l'âge où ils commenceroient à les concevoir & à en être enchantés, s'ils n'en avoient aucune idée; ils ne voyent que des mots, sur lesquels ils sont blazés, & qui ne leur présentent plus aucun sens, parce qu'ils se sont accoutumés à les reciter sans y attacher d'idée. Je crois qu'il faut les conserver pour l'âge de dix ou douze ans.

Je ne crois pas non plus qu'il faille pour une fille, traiter trop ſérieuſement ni trop approfondir l'étude de l'hiſtoire. Il me ſemble qu'une légére teinture des choſes qu'il n'eſt pas permis d'ignorer ſuffit; & qu'on doit la porter de préférence à l'étude de la morale. Il y en a pour tous les âges; à celle des lettres, & en ſon tems de la philoſophie, peut-être même de quelques langues, comme le Latin, l'Italien, & l'Anglois, ne fut-ce que pour lire des ouvrages de génie impoſſibles à bien traduire. Tout ceci, je vous le répéte, Monſieur, n'eſt qu'un ſyſtême, auquel je ne tiens pas encore. Donnez-moi vos idées: & ſi vous approuvez les miennes, mandez moi, je vous prie, par où je dois m'y prendre pour les ſuivre; car vous ſça-

vez

vez que je ne sçais rien. Que faut-il lire, que faut-il apprendre? Mon zèle pour mes enfans vous a intéressé déja, qu'il vous touche assez pour l'aider à réüssir: vous ferez tout d'un coup trois heureux, vous ne résisterez pas à ce plaisir.

Mais vous ne résisterez pas non plus à la longueur de ma lettre; il est tems, en vérité, d'arrêter ce flux de paroles, & de vous laisser lire la feuille de cette semaine, qui doit être curieuse si elle est bien faite. Je vais en prendre lecture avant de vous l'envoyer. Bon jour, Monsieur, je ne finirois pas s'il falloit encore vous faire essuyer toutes les assurances de mon amitié & de mon attachement.

LETTRE A M. DE S^T. L***.

En 1756.

EN vérité vous êtes d'une pareſſe ou d'une étourderie inſuportable. Elle nous cauſe des allarmes auxquelles on ne ſçauroit réſiſter, à moins d'être philoſophe, & nous n'avons pas l'honneur de l'être juſqu'à l'indifférence pour nos amis. Tout inquiéte de vôtre ſilence, je me préparois hier à en aller demander raiſon à *la Parfaite*, quand elle arriva chez moi. Avez-vous des nouvelles? Non. Et vous? Non. Et puis en Duo: Ah! mon Dieu, qu'eſt-ce

que

que cela veut dire ? Je ſonge bien vite à la raſſurer, & je m'aviſe de lui dire : il eſt sûrement parti pour le Port-Mahon. Elle qui pouſſe tout à l'extrême, croit que c'eſt pour l'autre monde ; elle fond en larmes, & je me trouve tentée d'en faire autant. La négligence de la poſte me vient en tête ; cette idée lumineuſe m'éclaire, & j'éclatte de rire : Jugez quelle révolution ! On ſe met en colère contre moi : je m'en tire en m'y mettant contre vous. Nous nous ſéparons d'un air aigre-doux. Aujourd'hui on ſçait à quoi s'en tenir. La douleur & l'étonnement nous ſuffoquent. Nous ſommes, en vérité, fort mal ; ſans cela, je crois que nous irions courir après vous, comme vous courez après la flotte. Donneznez-nous donc au moins de vos nouvelles, si vous avez encre & papier, ou écrivez sur le sable quand une fois vous serez débarqué, afin que le vent nous apporte vos vœux & vos hommages; car la renommée nous dira de reste vos exploits. Mais qui se chargera de vous apprendre nos inquiétudes, nos souhaits, & tous les sentimens qui nous agitent? Ils sont inséparables de l'attachement que vous inspirez à tous ceux qui vous connoissent.

LET-

LETTRE A M. DE S[T]. LAMBERT.

En 1756.

ME tromperois-je? Je vous crois
Dans un poëtique délire,
Je vois Apollon vous soûrire
J'aurai des vers; pour cette fois
Vous ne pouvez vous en dédire;
Sans cela, depuis près d'un mois
Auriez-vous été sans m'écrire?
Si cependant cet Apollon
A vos désirs devient contraire;
(Car il est fantasque, dit-on,)
C'est un prétexte pour se taire,
Mais ce n'est point une raison,
Chantez-moi sur un autre ton
Ce que vous aurez à me dire:
Que m'importe Lettre ou Chanson?
De votre part tout sera bon;

Et puis, lorſque le cœur inſpire,
On eſt toujours à l'uniſſon.
J'ai mes raiſons pour le prétendre,
Et mes vers vous diront pourquoi.
Mais, vous, ſi vous ſongés à moi,
Songés de plus à me l'apprendre.

Voyez-vous, Monſieur, comme je ſuis facile à vivre. Vous m'offrez un moyen d'excuſer votre ſilence, & je le ſaiſis promptement. J'ai penſé dire vos ſilences, mais cela n'auroit pas été françois; n'abuſez pourtant pas, je vous prie, de cette facilité. Mon amitié pour vous en feroit ſeule la victime, & il n'y auroit pas de généroſité à vous de la punir de ſon indulgence. J'attends donc impatiemment de vos nouvelles, & ſur-tout, de celle de votre retour.

LETTRE A M***.

En 1756.

JE croirois manquer à la confiance que vous m'avez marquée, Monsieur, si je ne me pressois de vous faire part de mes réflexions sur la situation dans laquelle vous vous trouvez. J'en suis allarmée; & les deux mots que vous me dites l'autre jour en partant, me font trembler pour vous. Vous êtes foible & timide! Cela seul me décide sur le parti que vous avez à prendre. Mais examinons tout.

La personne qu'on vous propose,

vous apporte ſix mille livres de rente. Vos parens, ſi vous l'épouſez, vous en donnent deux; & font en cela tout ce qu'ils peuvent. Quelques eſpérances vous font enviſager en total neuf mille livres de rente. Vous comptez paſſer ſix mois à Paris, & ſix à la campagne. Pour parvenir à vivre avec un revenu ſi médiocre, vous apporterez la plus grande œconomie; & nous ſuppoſons que votre femme ſera d'accord avec vous ſur cet important article. Malgré cela, par notre calcul, nous avons bien eu de la peine, ſi vous vous en ſouvenez, à joindre les deux bouts de l'année: or en fait d'arrangement, lorſque le calcul eſt difficile, l'exécution en devient impoſſible.

La charge qu'on projette de vous faire

faire avoir, eſt de celles qui ne conviennent qu'à un homme obſcur & ignoré; & je doute que vos talens vous laiſſent dans la ſphère étroite d'un tréſorier de France. Un homme de lettres & de mérite, un coſmopolite ne doit, ce me ſemble, poſſéder que des charges ou honorables par elles-mêmes, ou qu'il puiſſe honorer par le bien qu'il y ſera à portée de faire. Jamais vous n'en trouverez l'occaſion dans la tréſorerie de France; & votre état deviendra pour vous infailliblement un objet de déplaiſir.

Voilà cependant les beaux côtés de cette affaire. Voyons le reſte. Le hazard, s'il vous ſert bien, vous donnera une femme œconome, douce, aimable, ſimple, ſenſible, enfin faite exprès pour vous rendre heureux. Il faut, je l'avouë, avoir une haute idée de ſon étoile pour eſpérer de trouver tout cela dans une femme qu'on ne connoit point; mais ſi elle eſt telle, je vous tiens pour perdu. Le défaut d'aiſance dont vous ne pourrez la garantir, deviendra pour vous un poiſon sûr, & une ſource éternelle de peines & d'ennui. Ce ſera pour votre femme que vous ſouffrirez de la médiocrité de fortune qui ne vous affectoit guères pour vous. Comment ſupporterez-vous l'idée de devoir à ce que vous avez de plus cher l'état & le bien que vous poſſedez; de ne pouvoir le reconnoitre, en allant ſans ceſſe au devant de ſes déſirs; & de vous trouver continuellement exposé à lui refuſer ce ſuper-

ſuperflu devenu aujourdhui ſi néceſſaire, ſurtout dans l'union conjugale?

Vous qui connoiſſez Paris, aurez-vous bien le courage d'y vivre au milieu de l'opulence & du luxe; manquant, avec votre femme, de tous les agrémens de la vie, & faiſant des ſacrifices éternels de vos goûts, des ſiens, de toutes vos fantaiſies? Un homme ſage ſe refuſe aiſément tout; un cœur ſenſible voudroit aſſervir la nature entiere à l'objet de ſa complaiſance: moins il exige, plus on voudroit faire pour lui. Enfin, je vous croirai deux Anges, ſi vous vous bornez toujours à cette diſpute de ſentimens; & ſi votre union n'eſt jamais troublée que par un excès de délicateſſe. Mais ſi cette douceur angélique s'épuiſe, & que l'humeur

meur & l'aigreur en prennent la place [maladies auxquelles nous autres femmes ſommes aſſez ſujettes] vous êtes perdu ſans reſſource. Vous ſerez alors plus malheureux qu'un autre à proportion que vous êtes plus ſenſible.

Depuis que vous êtes votre maitre, vous n'avez jamais eu un revenu aſſez conſidérable pour ne point ſentir tous les inconvéniens de la malaiſance. Je ſuis sûre cependant que vous n'en avez pas été malheureux. Ce ſont des ſentimens d'une autre nature qui ont toujours décidé de votre bonheur. Reſtez donc comme vous êtes ; & ne vous abandonnez pas aux caprices des autres. Il n'eſt permis d'affronter le mariage que quand on eſt philoſophe ; mais j'entends

tends philoſophe comme *Sir Charles*; & alors cela devroit être défendu, parce qu'on eſt heureux tout ſeul.

Au ſurplus, votre ſort ſera-t-il le ſeul dont vous déciderez? N'aurez-vous point d'enfans? Si vous en avez, que deviendront-ils? Avec quoi les éléverez-vous? Quand ils le feront, comment les établirez-vous? Quel abîme de réfléxions! Elles m'arrêtent tout court. Si l'on vous apportoit une fortune aſſez conſidérable pour balancer tous ces inconvéniens, je vous dirois encore d'y penſer à deux fois avant que de prendre un parti: tant je crois difficile de rencontrer d'abord une bonne femme; & parmi les bonnes femmes, d'en trouver une qui ſoit digne de vous.

Si c'eſt par complaiſance pour vos parens que vous penſez à ce mariage, votre faute eſt bien plus grande. Ils ne doivent en déſirer la concluſion qu'autant qu'elle peut aſſurer votre bonheur; & lorſqu'il devient auſſi équivoque, ils doivent être les premiers à s'oppoſer à ce projet d'établiſſement. S'ils étoient capables de vous en vouloir pour un refus auſſi bien fondé, ce ſeroit une preuve évidente que la raiſon n'a point de droit ſur eux; & alors vous auriez beau céder ſur cet article, vous n'en ſeriez pas moins expoſé dans mille autres occaſions à encourir leur diſgrace. Car le moyen de ſatisfaire celui qui n'écoute pas la raiſon? Au reſte, lorſque, par déférence pour eux, vous aurez conſenti à vous rendre

dre malheureux, qu'eſt-ce qu'il vous en reviendra? S'ils ont la bonté de vous plaindre, ne pouvant plus rien changer à votre ſort, ils auront rempli leurs devoirs de parens & d'amis; mais vous ſerez ſeul puni de n'avoir pas ſuivi le votre. Il n'eſt, en vérité, pas permis de ſe laiſſer décider par des conſidérations étrangéres, ſur une démarche d'où dépend ſans retour le bonheur ou le malheur de la vie.

Je pouſſe peut-être mon zèle trop loin, l'intérêt que je prends à vous, me l'inſpire. D'ailleurs, vous m'avez autoriſée à vous dire tout ce que je penſe, d'autant plus librement, que je crois me rencontrer avec vous. Il ne s'agit donc que de vous exhorter, Monſieur, à vous affermir dans votre refus, & de vous avertir que votre malheur paroit inſéparable de la concluſion de cette affaire.

Il n'eſt permis qu'aux étourdis de faire des fautes; le même défaut qui les leur fait commettre, les empêchent d'en reſſentir les ſuites ordinairement cruelles; mais les hommes ſages & ſenſibles reſſentent tout; & dans l'état où ſont les choſes, ils ſont bien heureux quand, ſeuls & ſans compagne, ils peuvent éviter les malheurs d'une vie hériſſée de peines.

LET-

LETTRE A M. DESMAHIS.

En 1756.

J'Ai reçu l'élégante Epitre,
Du maitre à ſon maitre écolier;
Je donne la pomme au dernier,
Si l'on me choiſit pour arbitre.
Mais traitons un autre chapitre.
J'ai reçu le joli billet
Qu'en beau ſtile on nomme poulet;
Je l'aimerois à plus d'un titre,
Si j'etois dans l'âge où l'on plaît;
Mais nous qui comptons par nos rides
Les mécomptes de nos beaux ans,
Nos jeux ne ſont plus jeux d'enfans
Il nous en faut de plus ſolides.
Loin de nous laiſſons s'eſcrimer
La coquette & l'homme d'affaire,

L'une ne peut jamais aimer,
Et l'autre ne peut jamais plaire.
Sans être trompé ni trompeur,
Venez, de nos belles prairies
Contempler l'émail enchanteur;
De nos tranquilles rêveries
Venez partager la douceur;
Dans l'empire de l'Ourſerie,
Vous trouverez le vrai bonheur:
Héros de la mélancolie
Goûtez de ma philoſophie,
Elle eſt faite pour votre cœur.
Venez rêver, cauſer, & rire,
Venez enfin, l'on vous attend,
Oui vous êtes ſans compliment
Le plus aimé de mon empire.

On apprend à heurler, dit l'autre, avec les loups. Le proverbe n'eſt pas noble pour un poëte, auſſi ne le ſuis-je pas; mais vous m'avez donné tant de jolis vers depuis quelque tems, qu'il m'a pris envie d'en faire. Je vous les adreſſe pour vous punir

punir de ne m'avoir pas apporté les vôtres. Souvenez-vous, mon cher Ours, que *liberté* & *ſureté*, eſt nôtre deviſe. D'après la premiére j'ai donné carriére à mon imagination; & la ſeconde me dit de vous envoyer ſes écarts, comptant bien qu'ils ne ſeront ſçus que de vous. En proſe, ainſi qu'en vers, je vous ſuis bien inviolablement attachée.

LET-

LETTRE DE M. DESMAHIS A MAD. D***.

En 1756.

VOyagez au Parnaſſe & ſurtout à Cithère,
Fuyez loin du Portique & de ce pëuple vain
Qui du nom de ſageſſe honorant ſa chimère
S'eſt ſéparé du genre-humain.
Quittez une parure aux graces étrangére,
Reprenez vite de leur main
L'écharpe brillante & légére
Qui doit ſeule orner votre ſein;
D'une peſante & triſte étoffe
L'Amour ne fut jamais vêtu,
Et le manteau du Philoſophe
N'eſt pas même toûjours l'habit de la Vertu.
Venus aux Champs Troyens reçut une bleſſure:
Ma fille, éloignez-vous de ces cruels combats,

Dit

Dit le maitre des Dieux, vos membres délicats
Sont faits pour une autre avanture,
Contente de votre ceinture,
Préſidez aux tendres ébats,
Mais laiſſez Bellone & Pallas
Préſider à la guerre, & porter une armure.

Ma petite ſœur, ſi vous voulez prendre des leçons de philoſophie, ce ne doit être que dans les jardins d'Epicure, ne prenez d'Hippocrate que des ordonnances pour votre ſanté: la crainte qu'il ne vous ſoit auſſi funeſte comme philoſophe, qu'il vous a été ſalutaire comme médecin, vient de me faire poëte. Il n'eſt pas beſoin de vous dire, que ces vers ne doivent être vus que du Tyran & de Margency. Vous voyez bien que l'Ours montagnard & l'Ours muſqué, doivent auſſi être exceptés. Rome n'envoye point ſes indul-

indulgences à Geneve. Ma petite ſœur, tous ces petits patrons de perfections, ſur leſquels on vous propoſe de tailler votre vie, n'ont qu'un défaut; c'eſt qu'ils ne peuvent être d'aucun uſage. Que diriez-vous d'un homme qui paſſeroit l'hyver ſans feu & ſans lumiére, dans la crainte qu'une étincelle ne produiſit un incendie? C'eſt pourtant l'image de la philoſophie qu'on vous prêche. Vous avez une route à faire, & ils vous propoſent de reſter toujours aſſiſe ſur le bord du chemin, dans la crainte de gagner une pleuréſie. Laiſſez les languir ſur un ſable aride, & venez dans ces beaux jardins cueillir des fleurs au riſque de vous piquer à leurs épines. Ils ont beau faire, ils ne parviendront jamais à ſe pétrifier.

Si

Si vous les écoutez? A force de maximes & de moralités, ils gâteront en vous le plus beau naturel du monde. La plûpart ne taillent ſur leurs patrons que l'habit avec lequel ils doivent paroitre en public, & ſe hâtent d'en prendre un plus commode dès qu'ils ſont ſeuls: S'il en eſt d'inſenſibles, ils veulent faire paſſer un défaut naturel pour une qualité acquiſe. Ne croyons point que la lumiére de la raiſon & la chaleur du ſentiment ſoyent incompatibles. J'aime à voir la même main qui vient d'écrire un traité de morale, tracer un billet d'amour. Vous voyez que je vous écris ſans ordre & ſans ſuite, tout ce qui me vient à l'eſprit; je ne ſçai pas ce qu'ils prêchent dans leurs livres, diſoit une courtiſane, en parlant des Philoſophes; mais ces gens-là ſont ceux qui frapent le plus ſouvent à ma porte. Je ne finirois pas. Je n'ai plus que le tems de vous dire que je n'ai pas encore eu celui de me reconnoitre; je ſuis entourré d'animaux, qu'aſſurément le Citoyen ne trouveroit pas dépravez. J'ai reçu votre lettre du deux. Quand vous écrirez à Madame D***. chargez vous, je vous prie, de mon double compliment. J'en fais mille à ce qui vous entourre.

LET-

REPONSE DE MAD. D***. A M. DESMAHIS.

En 1756.

EN vérité, mon cher petit Frére, vous êtes fanatique de l'amour, comme Monsieur Tronchin l'est du stoïcisme, & comme je le suis presque de l'amitié : il me prend envie de la prêcher aussi, mais toute réfléxion faite ; j'aime mieux être fanatique de moi-même & de ma maniére d'être. Lequel de nous est le plus philosophe ? C'est une grande question, il en viendra peut-être un quatriéme qui prétendra l'emporter

ter ſur nous. Ecoutez cette fable, il me ſemble qu'elle nous met tous d'accord.

Un Roſſignol ſe plaiſoit à chanter
D'amour le ſéduiſant langage;
Qu'il peignoit bien dans ſon ramage
Le beſoin qu'un cœur a d'aimer!
Il endoctrinoit la Fauvette,
La Tourterelle, l'Alloüette,
Tous profitoient de ſes leçons
Et ſe plaiſoient à ſes chanſons.
Par fois même il prêchoit d'exemple;
D'un orme, il avoit fait un temple
Où leçons d'amour il donnoit.
Chacun tour à tour répétoit,
Lorſqu'il ſurvint, par avanture,
Certain Merle diſſertateur,
Fier, triſte, & froid comme un docteur;
Cet oiſeau de grave encolure,
Fut oiſeau de mauvaiſe augure;
Si prêcha-t-il d'un nouveau ton:
Blaſphémant La Fare, Epicure,
Préconiſant certain Zénon,
Séneque, Epitecte & Caton

Etoient

Etoient ſes héros, ſes modèles
Il ſe rioit des cœurs fidéles.
Fidèles! j'ai failli vraiment,
Loin qu'ils aimaſſent conſtamment,
Il les vouloit tous inſenſibles,
Donnoit la pomme aux inflexibles
Et défendoit le ſentiment.
On eut beau crier anathème
Sur le docteur & ſon ſyſtême,
Il n'en brailloit qu'un peu plus fort:
Mais au printems une hirondelle
Parut, pour les mettre d'accord,
Le plaiſir conduiſoit la belle,
La gayeté marchoit ſur ſes pas
Tranquille au milieu du fracas
Du Docteur & de Philomelle,
Elle harangua d'un ton plus bas,
Peut-être on ne l'écouta pas;
Pourtant elle avoit ſa cabale.
Un peu de tout & rien de trop;
En deux mots, voilà ſa morale,
Tour à tour chacun dit ſon mot,
Aucun ne changea de ſyſtême.
Chacun eſt content de ſon lot,
Bien fou qui n'en fait pas de même.

Ainſi,

Ainſi, mon cher petit Frére, renonçons à faire des proſelites; mais le conſeil que je vous donne en amie, c'eſt d'embraſſer moins tendrement votre chimère, elle vous joüera un mauvais tour.

D'ailleurs, on dit de toute part
Que vingt beautés par amuſette
Veulent employer tout leur art
Pour avoir de vous un régard.
Dans ce régard amour vous guette
Pour lui rien n'eſt indifférent,
Il fera prendre à la coquette
Le minois fin, ſimple & touchant
L'air enjoüé, tendre & ſévére;
De votre admirable chimère
Je le vois déja ſoûriant
S'applaudir de ce tour perfide,
Lors vous viendrez en ſoûpirant
Abjurer & Venus & Gnide
Et pleurer votre aveuglement.

Voyez, mon cher petit Frére, tous les dangers que vous courez.

Au ſurplus votre lettre, vos vers, & vous, vous êtes charmans; je ne vous trouve de défaut que d'être trop longtems abſent; mais j'eſpere que vous vous corrigerez inceſſamment; & que vous ramenerez dans notre ſocieté cette petite joye qui nous a quitté avec vous.

Ma ſanté va tout de travers depuis huit ou dix jours. Des migraines effroyables, des maux d'eſtomac, un rhume, & toutes les miſéres ordinaires; voilà mon journal.

Bon jour, mon cher petit Frére, vous aurez de mes nouvelles encore cette ſemaine. Donnez-moi ſouvent des vôtres. Aimez bien votre petite ſœur, mais de cette bonne, franche, & ſincère amitié du tems de nos Peres, telle qu'eſt la ſienne pour vous, & telle qu'on n'en trouve plus que chez les Ours.

Vos confréres vous embraſſent; je ne vous dis rien du Tyran, il veut vous dire lui-même.

Si ce n'eſt pas ma main qui vous écrit, croyez mon cher petit Frére, que c'eſt mon cœur qui vous parle.

LET-

LETTRE DE M. DE M***. A MAD. D***.

En 1757.

VOus avez donc quitté la ville
Pour ce château plein d'agrémens
Où près de vous, dans cet azile
De la raiſon & des talens,
L'eſprit content, l'ame tranquille
J'ai paſſé de ſi doux momens.

C'eſt-à-dire, que je ſuis fâché, Madame, que vous ſoyez à la campagne ſans moi, & que je ne le ſuis pas moins de me trouver à la ville ſans vous. Tout ce que j'y fais, tout ce que j'y entends, ne me dédommage ni des douceurs de la ſolitude, ni des charmes de votre entretien. Perſonne ne penſe ſi bien que vous & ne cauſe mieux.

De votre eſprit tendre & facile
Et la tournure & l'enjouëment
Répandent, je ne ſçais comment,
Dans vos diſcours, dans votre ſtile
Ce ton heureux, ce ton charmant
Qui toujours plaît, qui toujours brille
Et toujours touche également.

Vous jugez bien que ce portrait là ne reſſemble pas à beaucoup de gens. Auſſi eſt-ce le votre. Parlez-nous un peu de votre régime & de ſes effets, de vos amuſemens & de votre ſanté; toutes ces choſes nous intéreſſent.

Daignez répondre à nos déſirs
En nous diſant comme vous êtes,
En nous mandant ce que vous faites,

Et si vous n'avez pas emmené les plaisirs
Dans vos belles retraites.

Je serois fort tenté de le croire.
On n'en voit pas un seul à Paris.
Jeux, ris, & graces tout est parti.
J'ai pensé vous nommer leur maitre.

Mais trop grande est votre sagesse!
En vain l'amour voudroit vous attaquer,
Il n'auroit pas assez d'adresse.
Et j'ai cru même remarquer
Que lorsque vous parliez du Dieu de la tendesse,
C'étoit ou pour le plaindre, ou pour vous en moquer.

C'est fort bien fait assurément; cependant vous ferez encore mieux de ne pas vous exposer au froid qu'il fait; à moins que vous n'ayez emmené aussi le beau tems comme le reste.

C'est pour vous dire en racourci
Qu'en nous abandonnant ainsi
Pour vos bosquets, pour vos ombrages

Vous nous laiſſez à la merci
De la tempête & des orages.
Car les brouillards & les nuages
Le vent du Nord qui rend tranſi
Le rhume & le cathare auſſi,
Avec leurs trains & leurs bagages
Sont venus s'établir ici.

Il faut eſpérer pourtant que tout cela ſe paſſera, & que cet hyver dans votre beau Sallon, nous nous moquerons un peu du mauvais temps & de l'abſence.

Là raſſemblez à l'uniſſon
Et de Bachus & d'Apollon
Nous pourrons rire ſans ſcrupule
De tout ce monde ridicule,
Et de plus, du quand dira-t-on,
Chacun, au reſte, a ſa façon.
Tyran prendra le ſtile de Tibulle,
Vous de Venus & la grace & le ton.
Le Chevalier, celui de la raiſon;
Moi, ſi l'on veut, l'humeur d'Anacreon:
Le Marquis, l'agrément & l'eſprit de Catule.

En

En attendant, je me console dans notre société des sottises & de l'ennui des autres ; car nous sommes toujours les mêmes, excepté que nous vous regrettons fort.

L'heureux Marquis toujours volage,
Toujours gourmand, mais avec choix
Mange beaucoup, boit davantage.
Et plait cent fois plus qu'il ne croit.
Pour le Baron plein de courage,
Toujours se moque & toujours rit
De ce qu'on fait, de ce qu'on dit
Qui n'est pas bon, qui n'est pas sage.
Vous avez seule son suffrage,
Il vous regrette, il vous chérit.
Au reste, il a bon appetit ;
Et par dessus fort bon visage.

REPONSE DE MAD. D***. A M. DE M***. *à la Chevrette.*

En 1757.

RIen n'eſt ſi joli, mon aimable Sindic, que l'Epitre que vous m'avez adreſſée ; mais je ne ſuis pas peu embarraſſée pour vous répondre.

Que les tems ſont changez ! jadis dans mon jeune âge,
J'aurois répondu par des vers
A votre galant badinage.
J'aurois ſur mille tons divers,
De nos déſerts
Vanté le charme & l'avantage,
Puis, empruntant celui du ſage,
De la fortune & ſes revers
J'aurois . . . . .

Ah

Ah que n'aurois-je pas dit! Mais hélas! ma Muſe ſe noye au moment où je vous parle, dans un rhume de cerveau: L'image n'eſt ni noble ni agréable à vous préſenter, j'en ſuis bien fâchée; mais je doute que vous puiſſiez tirer autre choſe de moi que les aſſurances d'une reconnoiſſance très vivement ſentie, & très froidement renduë par une mauvaiſe proſe mauſſade, comme le tems qu'il fait.

Vous en parlez bien à votre aiſe
Dans votre grand fauteuil aſſis,
Au milieu de tous vos amis,
Rien près de vous qui ne vous plaiſe;
Grand feu, vin frais, & point de bruit.
Qu'on me donne un pareil réduit.....
Car vous ſçaurez, par parentheſe,
Que tandis que je vous écris,
Les grateurs avec leurs *cris-cris*,
Ont recommencé la beſogne;

On tapiſſe, on vernit, on cogne;
Ici j'entens: ah! je ſuis mat,
La bonne gronde, & l'enfant grogne;
Enfin, je crois être au ſabbat.

Je regrette tout auſſi ſincèrement que vous, ces heures de ſilence ou de méditation que nous avions ſi ſagement établies, bien sûrs tous deux, que pour ne rien dire, nous n'en penſions pas moins: nous avions, au moins, réciproquement la politeſſe de le croire, ce qui revient à peu près au même.

Oh l'heureux tems où l'on ne diſoit rien,
Où cependant l'on s'entendoit ſi bien
Qu'on ne vouloit que même choſe;
D'autres fois l'amitié dictoit notre entretien,
La liberté faiſoit notre premiére clauſe,
Et la gayeté toujours en étoit le ſoutien.

Je prens le parti, mon aimable Sindic,

Sindic, de vous envoyer mon épitre à finir, ou plutôt à refaire; car vous vous en acquittez ſi bien, & moi ſi mal, que cet arrangement me paroit très juſte. Vous ne manquerez pas de vous y prier de me venir voir le plutôt que vous pourrez, parce que votre abſence m'ennuye fort. Vous appuyerez beaucoup ſur l'agrément que je trouve dans votre ſocieté, ſur la tendre amitié que je vous ai vouée, & vous n'oublierez pas de faire valoir la confiance & la bonne foi avec laquelle je vous envoye ce brouillon.

Mais trouvez bon que je vous remercie moi-même, de la maniére dont vous avez tiré parti du plan que je vous ai donné pour notre fête du mois prochain. Je retracte auſſi tous les reproches que je vous ai fait ſur ce que vous ne m'aviez point encore écrit, & je vous ſouhaite un plus beau jour que celui qu'il fait ici.

A TIRAN LE BLANC.

En 1757.

MOi, de cinq Ours la ſouveraine,
Qui leur donne & preſcrit des loix,
Faut-il que je ſois à la fois
Et votre eſclave & votre reine?
Ah! des tirans le plus tiran,
Vous voulez que je verſifie,
Vous commandez à mon génie
Comme il vous plait du noir au blanc.
Tantôt c'eſt une comédie,
Puis un portrait, puis un diſcours
Sur les graces, ſur les amours;
Un roman, une hiſtoriette,
Un bouquet, une chanſonnette...
Que ſçai-je enfin; car dieu merci
Bien étendu ſur une chaiſe
Vous ordonnez tout à votre aiſe
Sans ſouffrir qu'on diſe nenni;
Mais dites-moi, quelle manie
Vous prend de vouloir, ſans pitié,

Guinder mon ſtile négligé
A la froide Monotonie
D'un vers ſtrictement compaſſé ?
Et lorſque à notre Académie
Chacun ſe met à l'attelier
Prend ſon crayon & ſon cahier.
Votre Minerve eſt endormie :
On a beau dire, travaillez,
Vous répondez, ah je ſuis triſte
Et du ton d'un évangeliſte
Sur le travail vous rabachez,
Sur la muſique, l'écriture,
La promenade, la lecture ;
Diſant, il faut ſe ménager,
Craindre le ſoleil & la lune,
Se retirer avant la brune,
Souper mal & s'aller coucher.
Dormir dix ans ſi vous pouvez.
Tiran le blanc, je vous le jure :
Rien n'eſt égal à la cenſure
Que contre nous vous exercez.
Soyez d'accord avec vous-même,
C'eſt le vrai moyen d'être heureux ;
La tirannie n'eſt qu'un problême
Quand le tiran eſt pareſſeux,

TOUT VIENT A POINT A QUI SÇAIT ATTENDRE.

CONTE.

O vous qui portez un cœur tendre,
Calmez vos amoureux ſoucis;
Tout vient à point qui ſçait attendre,
C'eſt pour le prouver que j'écris.
  Doris, encor jeune & ſimplette,
Soûpiroit ſans ſavoir pourquoi
Elle aimoit: L'amour ſous ſa loi
Avoit rangé cette brunette.
D'où vient s'en étonner? Philoſophes & Rois,
Tout eſt ſoumis à ſon empire;
Que chacun uſe de ſes droits,
Ceux d'un conteur ſont de tout dire.
Si Doris ſoûpiroit, Hilas depuis longtems
Regardoit tendrement la belle,
Ils s'aimoient dès leurs jeunes ans
Du hameau c'étoit le modèle,

Amour

Aour ſigna ces deux enfans
Lorſqu'ils n'étoient qu'à la mammelle.
Un ruban, ou de ſimples fleurs,
Quelques baiſers, les jours de fête,
Voilà les uniques faveurs
Qu'après plus d'un an de rigueurs,
Hilas obtint de la fillette honnête.
Un jour qu'aſſis aux pieds d'un hêtre
Ils s'entretenoient de leurs feux
Qu'enchantés de s'aimer tous deux
Ils jouïſſoient du bonheur d'être,
Hilas inquiet, mais content
Avoit reçû dans un moment
Les baiſers de toute une année;
Pour la premiére fois Doris étoit troublée,
Qui n'auroit dit que c'étoit là l'inſtant
Où le Berger alloit être content?
Hilas le crut; mais Doris plus ſévère
Qu'aucun de vous ne voudroit ſa bergére,
Se fâchant tout de bon, finit un entretien
Où, comme on voit, Hilas ne gagna rien.
Elle s'éloigne, & d'un régard ſévère
Laiſſez-moi, lui dit-elle, ou craignez ma colére.
Il obéït, & la ſuivit des yeux;
L'effort eſt grand pour un cœur amoureux;

Plus

Plus il eſt grand, plus on en doit attendre.
Doris, enfin, ne pouvoit mieux s'y prendre.
Mais à l'amour on ne réſiſte pas.
Dans le lointain elle apperçut ſa mere
Contre ſon ordre elle voyoit Hilas,
Que devenir? quel embarras!
Eut beau rêver, la craintive bergére,
Il fallut bien revenir ſur ſes pas;
Revenir n'étoit rien; mais de n'être apperçuë,
Etoit le point qui lui tenoit au cœur.
Le tendre Hilas, pour ſon bonheur
Etoit reſté, ſans lui, qui l'auroit ſecouruë?
Sauvez-moi, cher Hilas,
Dit Doris, hâtons-nous... jamais en pareil cas
Un amant ne ſe fit ſcrupule,
De tirer d'un tel embarras
Une fille ſimple & crédule.
C'eſt le parti que prit Hilas.
De ce lieu ſolitaire,
Il connoiſſoit juſqu'au moindre détour,
Dans un réduit inacceſſible au jour
Il amène Doris. Elle échappe à ſa mere.
Ainſi cachés à tous les yeux
Dans cet azile du myſtère,
Hilas vit couronner ſes feux.

Il eſt aiſé de le comprendre ;
Le vrai ſecrët pour un cœur amoureux
Eſt d'épier l'inſtant heureux.
Tout vient à point qui ſçait attendre.

FRAG-

FRAGMENT D'UN CONTE EN VERS.

Colette en habit du Dimanche
Se promenoit ſeulette au bois,
Fille proprette, à fin minois,
Cotillon court, & gorge blanche,
Qui va rêvant, rêvant à rien;
Ne rêve pas longtems, je le parirois bien.
Et pour revenir à Colette
J'aurois gagné: Car le jeune Licas
Bientôt la ſuivit pas à pas.
Sçavez pourquoi? Amour veut que l'on guette
Ce jour heureux, ce fortuné moment,
Où le cœur le plus fier... Mais ſans vous faire attendre
Allons au fait; & ſachez qu'un préſent
Promis au berger le plus tendre,
Pour avoir je ne ſçais comment
Sauvé ſon chien. Ce chien étoit charmant,
Reconnoiſſante étoit Colette;

Un ruban ſur l'herbette
Devoit par elle être donné
Au berger fortuné.
A nul autre faveur il n'eût oſé prétendre

. . . .

Mais à la fin il faut ſe rendre,
Il vient un tems... il n'étoit pas venu
Comme verrez. Un chemin inconnu
Menoit au bois, Licas devoit le prendre.

. . . .

. . . .

Venir,
Faire une reverence,
Puis deux, puis trois, puis s'arrêter, rougir,
Tremblant de peur, & mourant de plaiſir,
Tout cela ne fut qu'un.

. . . .

. . . .

A MAD. LA PRESIDENTE D***.

Qui avoit perdu sa Montre étant habillée en homme. Un de ses amis, qui avoit la vuë très basse, lui fit remarquer cette Montre à la jarretiére de sa culotte, où elle avoit glissé, sans qu'elle s'en fut apperçûe.

AH que je plains le pauvre Moulineau!*
Près de Témire il languit, il désire ;
Le tout en vain ; une mine, un soûrire,
Tout lui échape ; & par un sort nouveau,
En éclairant son cœur, l'amour de son flambeau
Frisa tellement sa paupiére,
Qu'il en fut aveuglé ; si que ne voyant rien
Du doux accueil, du gracieux maintien
De sa brunette, il croit la belle altiére
Et pour le monde entier

* Sobriquet donné à cet Ami.

Au delà des ſoupirs il n'oſe rien tenter.
L'amour touché de ſon martire
Vient, dit-on, de doüer Témire
D'un cadran ſi miſtérieux,
Qu'inviſible à tous autres yeux
A Moulineau ſeul, il fera connoitre
    Les tendres ſentimens
    Et les doux mouvemens,
Qu'au cœur de Témire il fait naitre:
  A ſon giron le cadran eſt placé
Par la main de l'amour lui-même,
Pour le berger il lui eſt ordonné
De guetter le cadran aux pieds dece qu'il aime.

LET-

LETTRE
A M. DE St. LAMBERT.

Geneve 1758.

SI nous étions au siécle de Merlin,
Siécle où chacun entendoit le grimoire,
Où tout à coup, l'Esprit malin
Vous endormoit un beau matin ;
Je pourrois bien vous faire accroire
Qu'un charme me tient en défaut,
Et que depuis un an, je dors, ou peu s'en faut.

En vérité, Monsieur, je me croirois trop heureuse d'avoir une pareille excuse à vous donner, mais point ; des souffrances, une foiblesse excessive, & depuis plusieurs mois, l'habitude contractée de ne rien faire, voilà les causes de mon silence.

Le

Le désir de me rappeller au souvenir de mes amis, & surtout au vôtre, me revient, & me rend mes forces.

Tel un hyver rigoureux & pénible,
Glace une onde pure & paisible,
L'arrête en suspendant son cours,
Telle on la voit, éprouvant le secours
D'un Soleil bienfaisant, devenir plus rapide.
Telle on a vu la mort, au teint livide
A l'œil hagard, prête à glacer mes sens.
Mes esprits engourdis dans ces tristes moments
Laissoient encore agir une douleur tranquille.
Regrettant tout, & ne désirant rien,
Sans espérance & sans soutien
Ce moment prolongé, me sembloit inutile.
Mais quel cris, tout à coup, interrompt ce sommeil!
J'ouvre les yeux, je renais, je soupire....
De l'amitié j'ai reconnu l'empire,
Et mes amis ont été mon soleil.

Il est bien juste, Monsieur, que vous receviez votre part de ma reconnoisconnoiſſance, & qu'à préſent que ma réſurrection eſt bien conſtatée, je vous conſacre à tous ici, les premiéres idées riantes que me donne votre ſouvenir.

Qu'avec plaiſir je me rappelle
Tant d'amis ſi chers à mon cœur!
Tour à tour, occupés du ſoin de mon bonheur
Vous m'en donniez toujours une preuve nouvelle.

En ne laiſſant rien à déſirer au ſentiment, on trouvoit encore avec vous tous les agrémens de la ſociété réunis. O mes amis, quand me retrouverai-je parmi vous!

Un advenir trop ſéduiſant,
Quand il eſt loin encore, devient une chimère
Et ſeroit bien-tôt un tourment:
Mais la Raiſon ſage & ſévère
Nous dit de mettre à profit chaque inſtant
En tirant parti du préſent.

Cela eſt moins difficile ici, que partout ailleurs. Mais il faut être en garde contre le premier coup d'œil: Les abords de Geneve, font très propres à effaroucher des têtes françoifes, & à plus forte raifon des têtes femelles, qui ne font jamais forties de leur pays.

On n'y voit que des monts glacés,
Ou bien des campagnes arides,
Ces peuples, cependant, par les dieux protégés
Tiennent d'eux, felon moi, des bienfaits plus folides
Que ceux dont on nous voit fi vains.
Chez eux, nul brillant équipage,
Point de Palais dorés, ni de fuperbes trains.
Sans fafte, ni fans étalage,
Par la fageffe & l'équité
Par l'amour de la liberté,
Ils femblent animés d'une ame égale & pure;
De leur cœur la naïveté
Et de leurs mœurs furbanité
Nous ramenent au tems de la fimple nature.

Vous voyez, Monfieur, qu'avec

de

de tels hôtes, on peut très bien ſe tirer d'affaire. Quel pays, où le ridicule inſpire plus de compaſſion que de bons mots. En voulez vous un exemple.

Non loin de notre voiſinage
Eſt un certain original,
Obligeant à nul autre égal;
Officier Savoyard, lourd, & d'épais corſage…
Mais pour trancher la vérité
Egal en bêtiſe & bonté;
De préſenter cet homme à la manie;
Pour en paſſer ſa fantaiſie
Tous les matins, il guette ſur un pont
Les arrivans; tandis qu'à l'autre porte,
De ſes ſoldats la nombreuſe cohorte
En fait autant: Honnêtes gens, ou non,
Il les même en cérémonie
A la prochaine hôtellerie,
Les régale, & ſans être inſtruit
De ce qu'ils ſont, les introduit
Chez les principaux de la ville.
Si bien qu'un jour de ce printems,
Il rencontre au milieu des champs

Certain quidam, à plus d'un tour habile
Qui le joint, en disant qu'il vient de Tripoli
Et qu'il a nom, Pignatelli.
Qu'il est Comte, Marquis... Vite allons chez
Voltaire,
Répond notre Officier, venez, laissez moi faire,
Nous serons bien reçus... Donnez votre Paquet,
Et montez sans façon dans mon cabriolet.
On peut juger du commentaire
Qui se fit pendant le trajet.
Mais à la mine atrabilaire
A l'œil sournois du pauvre haire
A son maintien, & plus à son propos
On se regarde, on lui tourne le dos.
Notre Introducteur se démêne,
Et répéte à perte d'halene
Ses noms, surnoms, *& cætera*,
Disant, que c'est à qui l'aura.
Bon, lui dit la jeune Sophie,
Si ce magot est un d'Egmont,
C'est tout au plus, je vous le certifie,
Le cuisinier de sa maison.
Pour abréger l'historiette,
Vous sçaurez qu'un jour sans trompette
Ce fameux Comte s'esquiva,

Et

Et l'Introducteur planta là,
Onques depuis, n'en avoit eu nouvelle ;
Ce Comte cependant lui tenoit en cervelle :
Il s'enquiert au premier venu,
Un passant, fraichement du Coche descendu
Vint hier le tirer de peine.
Cessez, dit-il, votre recherche est vaine,
Le pauvre Comte, hélas, avoit été vendu,
Pour ses méfaits, il est pendu.

En France on se prendroit à rire,
A brocarder, à qui mieux mieux,
Au nez du Protecteur honteux.
Du foible talent de médire,
Le Genevois peu curieux
Le plaint, le console, & désire
Qu'avec un cœur si généreux
Il soit desormais plus heureux.

Comme depuis quelques jours, il n'est bruit ici que de cette histoire, je l'ai saisie pour vous faire mieux juger de la bonté genevoise.

Voilà

Voilà en général, comme ils ſont tous : Vous en excepterez pourtant, huit ou dix qui commencent à ſe corrompre, & que, je ne ſçais par quel caprice, j'ai choiſi de préférence pour ma ſocieté. Je vous laiſſe en chercher la raiſon. Vous voyez, Monſieur, par l'amphigouri que je vous adreſſe, que l'abſence n'a rien diminué de ma confiance en vous. A votre tour, rendez-moi raiſon de votre ſilence, & promettons-nous réciproquement & pour la dixiéme fois, un peu plus d'exactitude dans notre commerce.

www.ingramcontent.com/pod-product-compliance
Ingram Content Group UK Ltd.
Pitfield, Milton Keynes, MK11 3LW, UK
UKHW021126220726
13924UKWH00004B/1933